遇見一個人的圓滿

張德芬——著

人生就是一個不斷學習和成長的過程，
而生命中遇到的那些人、事、物，
都是來幫助自己成長的。

〔推薦序〕

孤獨是重生的力量

諮商心理師　蘇絢慧

收到出版社轉交德芬老師的文稿，一打開映入眼簾的文字：「孤獨才是人生的真相」，心裡好像被什麼敲擊到，「咚」的一聲。靜下來體會、辨識後，明白了德芬老師所說的「實話」，是大多數人都努力迴避的真相，也是許多人想要擺脫的感受，所以這一聲敲擊，我想是對德芬老師直指真相的震撼，也是一種佩服。

誰都知道，我們是「一個人」從母胎中，呱呱落地，也終將有自己的時辰，要捨下在這人世的一切，包括身軀皮相。然而，從成為「人」開始，我們一生所追求的都跑不掉「要人來愛我」、「有人關注我」，無論是在原生家庭、工作、愛情、親子或友情中。

正因為如此，我們難免在人生的過程，不斷的透過尋找關係、尋找「另一個人」來使我們迴避面對自己是單獨存在的事實。在生存的競爭操作下，我們也時常陷落在必須證明自己優秀、成功、完美無瑕疵的無意識迴圈裡，不停的比較，不斷的拿取，不肯面對任何的失敗失落，也不願意承認內在的陰暗面貌，以致作繭自縛，痛不欲生。

其實，生命有許多的創傷、破壞和逆境的發生，都可能有機會，帶我們回到自身的內在，好好的覺悟關於生命的真實，也深層的觸摸自性，好好的成為獨一無二的真實的你，活得坦然且安在，不再淪為社會及家庭規範操弄下扭曲又分裂，無感又痲木的受困者。

然而，這樣的破繭而出，需要具足極大的力量，才有機會掙破層層的束縛，從根本無望見到光明的繭中，經歷過非常長時間如死般的無聲沉寂後，重生而出的生命樣態；涵納著過去，放下了執著，昇華了悲痛，重拾了對生命的熱愛，了然於心的接納了自己的存在。

而當中能具足這一份獲得重生力量的關鍵，我的體會正好呼應了德芬老師的這一本著作，一開始所寫的「孤獨」。唯有我們不再抓取外界給我們安全的保證，也不再依賴外界所給予的存在認可，甚至在完整接納自己的過程，也不再假他人之手，一定要他人拯救、包容、撫慰，而能在孤獨中，如實的走進內在的最深處，看清楚自己的黑暗，也看清楚自己對生命所佈下的局。看清楚自己的掩飾，也看清楚過去的自己想假裝什麼，而不斷的否定真實的自己。因為恐懼自己

「什麼都不是」，而強行逼迫了自己做了哪些事。

一個人若能與自己的孤獨和平同在，相信也是坦然於接納自己的存在，他的和平必帶來他的圓滿，即使這世界沒有人記得他（事實上，歷史的洪流會讓我們被世界遺忘），他也對自己的來與去，有著自己的洞見和通透。

我正在走著這樣的路，往自己的圓滿走去。過去所經歷過的崩毀，曾帶我走過一段很長的孤獨，也挽救我全盤皆錯的人生設定。我之所以能夠破繭而出，領略重生的奧妙，這是孤獨的力量。因為孤獨，痛苦才能慢慢的教會我那麼多事。

而這些孤獨中的領會，在德芬老師的文字裡，我感受到很大的連結，也產生了極大的共鳴，當中更是將我無法表達出的領悟，情理兼具的一一道出，讓我既感激也榮幸能為本書作序推薦。

所以，我要祝福本書，願本書能帶給黑暗受苦的心靈，一份引領和陪伴。願我們相信，穿越苦痛之後，我們所到達的地方，那裡就是愛。

〔自序〕

親愛的，希望你少吃一點我吃過的苦

我的新書終於出版了。

三年前，我有一雙兒女相伴，有一個知心的親密伴侶。後來，兒子去美國上大學，我和愛人分手，女兒又去上大學，單身加空窗，對於一個中年女人來說，無論如何都是一個不好過的難關。

我走過來了。

這一路的心得，就是你今天看到的這本書。

要說書中有什麼驚人的領悟，倒也沒有。有的只是把《遇見未知的自己》裡面的一些觀念，更加深入地去體會、剖析、理解，和最重要的——活出。

最大的領悟，就是活生生的看見——我們的信念是如何造就了我們的現實世界。

人是非常擅長自圓其說的，我們總是在逃避，而不是去面對自己不想看見的真相。直到宇宙安排一些情境，強迫你去看見、去承認：親愛的，外面沒有別人。

這才安心臣服。

在我婚變、單身的一路上，我沒有隱瞞，在各種文章、演講和採訪裡面坦誠相告。如我所料，大部分讀者都還是讚賞我的真實和勇氣。一開始的單身加空窗，的確讓我非常不好過。有一段時間，每天早上不想下床，夜晚常常抱著自己痛哭入睡。突如其來的考驗，讓我措手不及，無法回歸到自己的中心，所有學的靈性教導的東西，在那個階段幾乎幫不上忙。

因為，老天就是要我扎扎實實的摔個大跤，沒有依靠，面朝下的摔得爬不起來，好讓我直視我隱藏了多年的、內心深處最隱秘幽微的痛苦。那種痛苦是累世以來需要面對的功課——一個人的獨處，沒有感情依靠的生活，對我此生來說，是不熟悉的，也是最害怕面對的。當面對它的時候，那種被燃燒、被一點一點啃噬最痛處的感受，讓人想死的心都有。但是，當我無路可逃、棄械投降，讓它一點一滴的吞滅我、燒盡我之後，一個重生的鳳凰逐漸成形。我開始感受到一個人也能圓滿，遇見一個人也可以圓滿，都可以，只要你能感受到自己內在本自具足的圓滿。

撇開自己愛恨情仇的小女兒心事，我最在意的，還是讀者能不能跟著我一起成長，過上更好的生活。我始終沒有忘記自己的初衷和發心，多年來一如既往地這樣做：只要碰到好老師、好書、好法門；有了最新的心得、體悟、見證，就立刻熱心地和大家分享，希望能幫到一些有緣人。

身為傳遞宇宙資訊的管道，我也許不是完美的；但是感謝老天給我機緣，讓我一直能夠努力地履行應盡的責任。

我把自己在面對各種人生挑戰時所做的自我探索和檢討，都寫在這本書裡了，希望可以引起一些同路人的共鳴，幫助大家少吃一點我吃過的苦。但是，路還是要自己走，而且沒有人可以拉著你，我們只能相伴而行。

感恩這條路上有你。

我的新書，希望你會喜歡，也希望對你的人生旅程有所幫助。

謝謝！

德芬

二〇一七年初，峇厘島

感謝

我想借此機會感謝臺灣旅美的知名藝術家鄭麗雲老師，願意提供畫作為我的新書配圖，這是莫大的榮幸。鄭老師身材嬌小，但是她的畫作每每有一面牆那麼大，充滿了無限的生機和力量，以她獨特的流線型畫風，展現了地水火風四大元素，深受感動之餘，我都忍不住想收藏她的作品了。鄭老師本人內在就有極為強大的能量，迸發在她的藝術創作上，觀者都能心領神會，因而受到震撼！她的畫作為本書增色不少，真的非常感謝！

同時感謝皇冠出版社發行人平雲先生和總經理平瑩小姐的大力邀請，堅持出版我的書，並且讓我有機會與他們專業又認真的團隊一起工作，這是個非常美好的體驗，心中極為感恩，也希望這本書能夠被諸多喜愛「皇冠」作品的讀者們接受，謝謝！

目錄

Part ONE 孤獨才是人生的真相

Chapter 3 內心比紅顏更長久

Part TWO

愛得剛剛好

Chapter 4 愛的智慧

Chapter 5 愛的技巧

Part THREE

親愛的孩子，快樂是我最想教給你的事

Chapter 6

Part

ONE

孤獨才是人生的真相

Chapter

1

認識生命的真相後，依然熱愛生活

親愛的，世上沒有人可以陪你走一輩子

❖如果找不到依靠，請你一定要學會和孤獨好好相處

人生究竟是怎麼一回事？這是很多人都想探究的問題。其實，任何誠實、勇敢地去檢視人生的人都會發現：人生的盡頭是一場無可避免的悲劇——我們終將要老去、死去，花了一輩子爭取、建構的東西，最終一樣都帶不走。

很多抑鬱的人看到了這個真相，但他們沒有尋求更有智慧的人的協助，而是卡在一個地方出不來，於是選擇不再繼續玩下去。這不是勇者的人生。

羅曼．羅蘭說過：世界上只有一種真正的英雄主義，那就是在認識生命的真相後，依然熱愛生活。

然而，生活值得我們熱愛嗎？其實，大多數人的生活是非常受限的——受限於親情、愛情、孩子、金錢、時間、面子、體力……幾乎沒有一個生活沒有壓力或是困難的人。富人有錢也苦，窮人沒錢也苦；有孩子就有煩惱，沒孩子也有煩

惱；有伴侶也有煩惱，沒伴侶也很苦惱。總之，人生的不如意，簡直無休無止。

也有人說，我們要在這個薄情的世界裡，深情地活著。

但是，如何活呢？

在人生的每一步路上，如果孤獨感出現了，你能不能跟它好好在一起？確實，大部分人都不喜歡孤獨，更不想去感受自己的孤獨。可是，在這個世界上，我們每個人真的就是一個個孤獨的個體。因為你所有的感受只有自己能夠體會，而且這一生的路，沒有誰可以陪你從頭走到尾。

但是，我們一直都在忽略這個事實，一直不願意去接受。所以，我們要靠在外抓取工作、抓取愛人、抓取父母、抓取孩子等等，來消除自己的孤獨感。

有些人很快樂，他這裡靠不到，就去那裡靠，到處去找依靠。但是，如果方法都用盡了，到處靠都靠不到的話，我們就必須回到自己的內在，學會跟自己的孤獨相處。

我向來覺得，內心有創傷的人才會主動去尋求解脫的法門。而每個人的一生，都有很多貌似過不去的罩門、痛點，如果你已經受夠了，再不想過這樣的生活，也不想再受這樣的苦了，那就要找一個終極的解決方案。

我們生命中的大部分痛苦，都來自於精神上

我曾經在網路上看到這樣一個笑話：

傳說，二〇一二年十二月二十一號是世界末日。有一個人說：「那太好了，我把所有的錢都花了，然後把老婆打一頓，把老闆打一頓。」結果，二十二號早上起來，他的世界末日真的來臨了——錢都花完了，老婆被打跑了，老闆也炒他魷魚了。

這類人，我覺得他們挺執著於自己人生的痛苦的，所以想趁著世界末日來臨的時候，惡狠狠地出一口氣，沒想到後果還是要自己承擔。

有很多讀者跟我反映說：自己有很多痛苦，老公怎麼樣，婆婆怎麼樣，孩子怎麼樣，工作怎麼樣，老闆怎麼樣……每個人都有很多苦。

可是，如果你真的感覺活得那麼痛苦，為什麼還要抓著這份痛苦不放？痛苦其實就像一個燙手山芋，你真的hold不住了，就把它放下呀！為什麼明明知道苦，我們卻還是放不下呢？

後來我邊修行，邊觀察，發現我們很多人都想要在這個世界中感受到自己，想要確定自己的存在感。

其實，我們生命中的大部分痛苦，都來自於精神上。比如，你的愛人離開你了，背叛你了，你會很痛苦。為什麼你總是放不下對方，讓自己痛苦這麼久？理智上，我們都知道對方根本不值得我們這樣——既然你不愛我，我幹嘛要愛你，還讓自己活得這麼苦？很簡單的道理，可為什麼就是放不下？因為我們不甘心，覺得痛苦可以讓我們在精神上有一個依託，讓我們覺得有一個目標去奮戰，覺得這種生活是有挑戰的。其實，這都是錯覺。痛苦是一種習慣，而我們只是不知不覺地順著自己的習性在生活。

❖有時候，我們是為了苦而苦

當我們覺得痛苦在身卻擺脫不了的時候，可以去看一看，究竟是什麼在讓我們痛苦。

我跟大家分享一下我最近所經歷和觀察到的，也是我現在正在做的功課。我發現，很多時候，我們是為了苦而苦。

我曾經給大家推薦過《當下的力量》這本書。有一次，本書的作者勸告一位抱怨婚姻不幸的女性說：「你的丈夫這樣對你，你對他那麼恨，那為什麼不能放下呢？你只要放下他對你做過的事，你就能夠快樂……」剛開始，這位女性若有所思，但聽到最後，她突然大聲說：「我原諒他以後，我幹嘛呢？我原諒他以後，我擁有什麼呢？我不跟他叫陣的話，那我是誰呢？」

其實，想想自己生命中遭遇的那些困境，我們是否也常常有意無意地在跟它們較勁呢？

我們來看一個字——覺察的「覺」，上面是學習的「學」，下面是見到的「見」。學會看見，就叫作「覺」，你就能覺悟、覺察。

常常有很多人來找我諮詢關於心理和生活的問題。其實我覺得最好的解決辦法是：你真的學會看見自己的問題在哪裡、糾結的點在哪裡，那你就能做到「覺」了。而且這個「覺」的能力，你一旦學會了，別人是永遠都拿不走的。

直視自己內心的陰暗部分，未來就能一步步光明

❖你我的內心都有黑白兩面

每個人的內心都有黑白兩面，白色的那一面我們都希望去彰顯它，都願意快樂地面對，因為它能給我們的人生帶來輝煌，帶來面子等等，讓自己更加得意；而人性中很多黑色的面向，大多都屬於給我們的人生帶來問題的陰暗面，面對自己內心的陰暗面，我們總是不願意去承認，總是在逃避。

要想活出一個全新的自己，最好的辦法就是要學會接受自己內心的陰暗面，只有這樣，我們的人生才會真正開始改變。

我在情感上不夠獨立，一直依靠在親密關係中不斷地抓取來逃避自己內在的空虛感，從十九歲開始與第一個男朋友交往，中間幾乎就沒有斷過，沒有空窗期，我總以為，有一個男人在身邊，才能逃避人生的孤獨。

我內心深處總覺得自己還是一個小女人，所以潛意識裡總想依附一個強大的

男人。對內心「情感不夠獨立」的這個陰暗部分，我不願意承認，更不想去面對，於是就把過多的注意力和精力都放在親密關係裡面，掏心挖肺的付出、錙銖必較的要求，所以後來就毀了。

對大多數人來說，直接面對、接受、包容自己內心的陰暗部分是很難做到的。我也是在被感情逼到了絕路以後，經過一段時間才開始慢慢願意直視自己的內心。但在那之前，我就不這麼想，這有點兒像對感情上癮一樣：一旦遇到一個我很喜歡的人，我就抓住不放，跟他糾纏，放不開，覺得跟他共度人生、相互依存的感覺很好。稍有不如意，我就會認為他做得不對、做得不好……

可當我自己一個人沉澱下來的時候，才知道那時的我根本沒有為自己的情緒和行為負責——因為別人沒有義務承受我的情緒和行為，人必須學會為自己負全責。

接受自己的「壞」，才能變得更好

小時候，每當我做錯事，母親就會用非常厭煩和鄙視的眼光看著我、罵我，讓我感覺自己是個「壞女孩」（所以孩子做錯事的時候，我們要告訴他們，是你做的事情不好，而不是你不好）。

我從小就有自慰的習慣，當時什麼都不懂，只是隱隱約約地覺得這不是一件「聖潔」的事情，所以非常自責和羞愧。後來長大以後看了一些資料，才知道對嬰幼兒來說，這其實是很正常的行為。

小時候，我也有過幾次被嚴重性騷擾的經歷，這引發了我對「性」的罪惡感和羞恥心，更讓我覺得自己骯髒醜惡。

帶著這樣的心理，為了「贖罪」，長大以後，我很努力地要求自己做一個「好女人」——好媽媽、好女兒、好妻子、好媳婦、好朋友，要求自己一定要面面俱到，討好每一個客戶，搞好每一段關係。

諷刺的是，誰知道那一年，我愛上了一個男人，離開了自己的婚姻。前夫罵我是婊子，我成為不折不扣的「壞女人」。對於不能給孩子一個完整的家，我有著深深的罪惡感；同時，對於父母和公婆的失望，我也感到非常愧疚，無法原諒自己。面對周圍的朋友，我也無法原諒自己的「惡行」，所以很長一段時間都不和朋友往來。

在那個人生的黑暗時期，我必須去面對自己內在一直抗拒的「我是一個壞女人」的聲音。當時處在這種人生的低谷，我的內心充滿了對自己的懷疑、批判和否定——我是個壞女人，我做了很不好的事情，沒有盡到媽媽的責任，婚姻也破裂了，惹得我父母傷心等等。

所有我原本想做好的事情，都搞砸了；所有我原本想扮演好的角色，都失敗了。那一陣子，我簡直羞慚到了無地自容的地步，甚至想死的心都有。我幾乎斷絕了與所有朋友的來往，封鎖自己，不見任何朋友，也不在外活動。

我本來想做個聖女，結果卻闖下了滔天大禍，自己都不知道該怎麼解釋。

經過幾年的磨難，我最終接受了自己「壞」的事實，放棄了做一個好女人的努力。正因為如此，我自由了。

當你直視自己的「壞」，當你把內心的一切都攤開，不管是對自己還是對別人，你內心的陰暗面就會開始軟化，甚至還會變成陽光面的一部分。

只要這麼做，你就會充滿力量，因為這樣做了以後，你的內耗就變少了。

我們的一生，不知花了多少時間在內耗內鬥上。從前，我譴責、批判自己，覺得自己是一個壞女人，但表面上我還要努力去扮演一個好女人的角色。如果有人說我是壞女人，我還會跟他辯解。但當我能夠舒舒服服做自己的時候，我就放下了批判，接納了自己本來的樣子：也許我不是那麼完美，但是，我也不用特別辛苦地去扮演一個角色給別人看。

我只是個女人而已，何必非要堅持做好女人？秉持著我善良天真的自然本性，我本來就應該流露出女人最好的一面，不必刻意去表現、去強求。而且，一個人越是用力地想要去做好，就越是做不好，這似乎已經成為一種生命的定律了。

❖只有放棄證明自己是有用的時候，你才是自由的

從我的例子來看，一個人越是用力去追求什麼、越是努力去證明什麼，人生反而會變成自己最不想要的樣子。

很多人終其一生，都在追求「有用」、「有為」的感受，但越是這樣，越容易感覺自己無用。那麼，解藥是什麼？

其實就是去接納自己「無用」的感受。

親愛的，每當感覺自己沒有用、很差勁的時候，你什麼都不要做，就在那個當下好好去感受這個你最害怕的「無用」的感覺。也許你會恐慌，也許你會想要立刻做些什麼去證明自己有用，然而都別去做，老老實實地承認自己的確有「沒用、沒有價值」的地方，然後你可以嘗試去接納自己這個部分。

像我要做的那樣，就是每當感覺自己不好、很壞，不是一個好女人的時候，就要去接受那種屈辱、挫敗、羞恥的感覺。你要承認自己的確有些地方沒做好，

不是個好女人，不要去否定事實，而是要去接受它。

當我們這樣停留在當下，不閃不躲地接受自己最不想要感受到的情緒時，我們就穿越了自身那個深淵裡最黑暗的部分。而人生的驚喜和禮物，以及我們最期盼的亮光，就在這黑暗深淵的後面。

只有當你放棄證明自己是有用的時候，你才是自由的。那些曾經努力要去證明自己的能量就都被釋放出來，讓你可以根據自己真正的喜好去做事情、過生活。這個巨大的能量一旦得到釋放，就會造就你真正想要的生活，而不是成為自己「躲避無用、證明有用」的模式的犧牲品，那種生活不會讓你感到真正的快樂。

跳舞，像沒有人在看一樣。

唱歌，像沒有人在聽一樣。

因為，我們跳舞和歌唱，是為了取悅自己，自我享受，不是為了別人的眼光。不為別人的目光而活的生活，才是真正的生活。愛自己！做自己！

❖對付自己，永遠比對付外面的人容易

在我的身邊，有不少功成名就、已經獲得大家認可的人，可是他們還是不由

自主地要向外去比較。

比如我認識一個朋友，他其實還滿有成就的。可有時候當我跟他講，這首曲子滿好聽的，人家評論也滿好的，他就說：「這你也相信？」我若是說：「你看，這個人拍的照片滿好看的。」他就會立刻回答：「哎呀，我認識一個比這個拍得更好的。」

總之，無論你跟他說什麼，他都要否認，認為自己知道得更多更好。他就是要透過這樣的比較，去獲得自己的優越感、成就感，以及別人的讚賞和認同。其實何必這樣呢？經常這樣做的人，內在一定有自己不肯承認的陰暗部分，所以才要這麼費勁地在外面去跟人家抗衡。

如果說一個人不能接納自己內心的陰暗部分的話，他會跟世界為敵。因為老是遮遮掩掩的，實際上就是在內耗，所以要不斷地去抓取外在的東西來遮蓋自己內在的陰影。

所以，人要是願意承認自己的恐懼、無價值感，以及自己的貪心、欲望，能夠很誠實地去面對自己內心的話，是可以節省很多能量的。只有這樣，你才能在自己想要表現、想要發展的某些方面，活出真正的自己、更好的自己。

親愛的，我們要明白：對付自己，永遠比對付外面的人容易。

請別把幸福的權利，放在別人的手中

❖沒有人能夠因你而改變

很多人可能會覺得，如果想要更開心，就必須買更多的名牌包包，要更有錢、更漂亮、更有名，還要更好的老公，要所有人都喜歡自己……等等。其實，想要讓自己過得更開心，唯一的辦法絕對不是向外去抓取，而是為自己生命中發生的所有問題負起責任來——剛開始可能會很痛，也有可能受不了，比如你會覺得：我父母那個德行，怎麼會是我的錯呢，為什麼要我負責呢？我的小孩這麼不聽話，怎麼會讓我負責呢？……

當然，你是不必為他們的行為負責，但是你必須為自己因為他們的行為而造成的「感受」負責。

譬如說，有些人看自己的父母不順眼，看自己的小孩也不順眼，其實是因為對他們有期望、有要求，希望他們改變；因為這個期待沒有被滿足，所以心中就對他們產生不滿。事實上，如果我們仔細去看，會發現這些期待是出於我們自己的需求，其實與他們無關。

所以，我們常常為了自己的需求，而理直氣壯地去要求身邊的人改變。最終你會發現，沒有人能夠因你而改變，要想改變一個人，真的比登天還難。

我們真的沒有資格說：我看誰不順眼，我就想改變他。我們唯一能做的就是——比方說我有一個愛人，如果我實在受不了他的一些惡習，而且絕對沒有辦法去改變的話，那我可以跟他分開。但是父母、兒女這些斷不了的血緣關係，你怎麼跟他分開？那就只能改變你對他的看法和對待他們的態度了。

我們常常說，父母做的某些事情讓我們感覺很心寒，或者父母根本不關心我們等等，其實是我們從來就沒有接受過他們的本來面目：他們是怎樣的人，以後還會是怎樣的。你不能說今天給她套上一個「你是我媽」的帽子，她就必須愛你，為你著想，她就不能老跟你要錢——因為小時候她沒好好對待你，現在還一天到晚跟你談錢，你就想對她說：「你這是什麼母親嘛！」

你之所以會對母親的行為有所不滿，是因為你對她有期待：你希望她是一個什麼樣的母親，你需要她給你什麼東西……所以你和她之間才會有問題。否則，如果什麼期待都沒有的話，你不會覺得她有什麼錯。

問題是，我們對很多人都有一定的期望，總覺得需要他們怎麼樣，我們才能夠快樂、安心、舒服，這就是把自己的喜怒哀樂放在別人的手中，沒有為自己負責，因此才老想去改變別人。

想一想，我們是不是常常在幹一件蠢事——口口聲聲說要幸福，可是卻始終把自己幸福的權利放在別人的手中？

抑鬱來來去去，始終是我的朋友

什麼是抑鬱？抑鬱其實只是一種情緒、一種能量，它會來，就會走，最重要的是不要為自己貼上「抑鬱」的標籤，從此撕不下來了。

我也常常有抑鬱的情緒，它來來去去的，始終是我的朋友。我知道，自己一輩子都無法擺脫抑鬱，所以只能接納這個朋友。

親愛的，一定要注意別在腦袋裡給自己下定義，坦然接受抑鬱的來來去去就好了。當這個情緒來臨時，你的腦袋會編造種種受害者的故事，要小心別陷進去。因為你在受害者牢籠裡待得越久，就會越不快樂。如果此刻你的心情不好，我可以打賭，你一定或多或少在這個牢籠中打轉。我們生命中的種種問題，幾乎

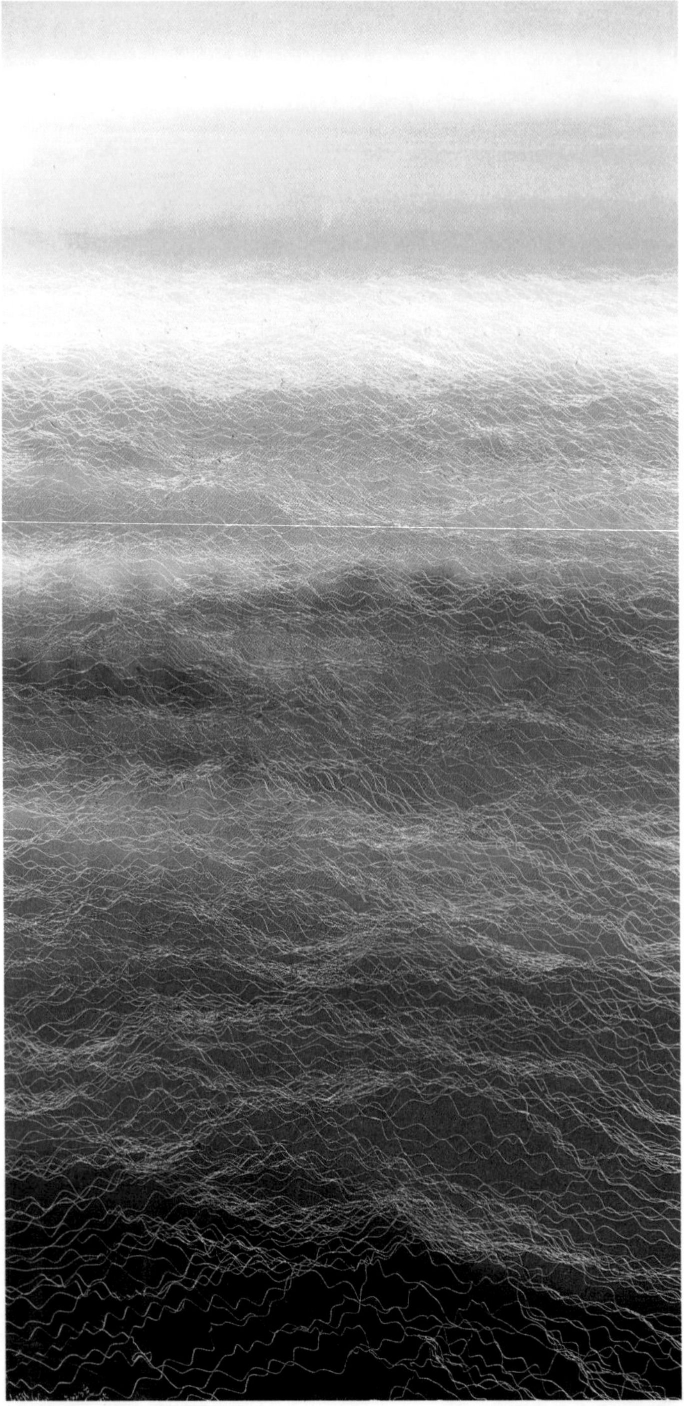

都是因為把自己囚禁在受害者牢籠裡而引起的。

這個由小我設計的陷阱，通常是這樣運作的：首先，你會有個受害者意識，認為一切都是別人的錯，別人所做的、所說的，或是沒做的、沒說的，都讓你受到了傷害（這裡面你有個理直氣壯的期待，覺得對方必須滿足你的需求）。

有受害者情結的人，最容易自怨、自艾、自憐。即使知道這樣做對事情、對自己、對他人一點兒幫助都沒有，他也不願意停止。

許多抑鬱的人都認為自己是受害者，因為自己看起來好像很無助，受困於種種惡劣的生活情境和他人的行為。然而，一個受害者是沒有謙卑心的。他不願意承擔生活中的種種狀況所帶來的麻煩、痛苦、羞辱和不堪，無法以柔軟的心接納生命的安排。所以，他會將「不快樂」當成自己抗拒的工具，以為這樣就可以改變自己討厭的生活情境。結果，生活情境不但沒有改變，反而變得更糟了，因為他把焦點放在讓自己不快樂的事物上，反而擴大了它們的影響力。

所以，要想讓自己活得快樂，最重要的就是要走出受害者模式。一個人一旦認為自己是受害者，就會變得無助、無力，停在那裡，無法做任何事來幫助自己。因為你認為你的抑鬱是其他人造成的，還會覺得自己很脆弱，什麼事都不能做。即使要你去慢跑、去鍛鍊、出去走走，你也不願意，因為你有抑鬱症。

我常常收到這樣的信：「幫幫我、救救我，我陷入抑鬱了。幫幫我、救救我，我真的很痛苦。幫幫我、救救我，我實在飽受煎熬……」

其實，這些痛苦，都是你為自己帶來的獨家配方。痛苦在你身上，別人怎麼可能救得了你、幫得了你？沒有人可以帶走你的痛苦，只有你自己可以為自己負責。如果你真的想走出抑鬱和受害者模式，首先就要承認抑鬱帶給你的額外好處，讓你以它為藉口來逃避責任或博取同情、關注，或是有理由可以不工作、不努力。

所以，你是否想走出抑鬱的牢籠，也就是說，你是否想走出受害者模式，這才是最重要的。

事實上，要想走出抑鬱其實很簡單，就看你願不願意。或者你覺得抑鬱其實給了你一種秘密、古怪而又熟悉的舒適感——許多人覺得抑鬱的狀態很舒服，因為那就是他們想要的生活，他們潛意識裡面可能並不想要過快樂且充滿活力的日子，誰知道呢？

如果你真的想走出抑鬱，這個過程就會變得很容易。比如，你可以去做一些需要耗費體力的事，特別是園藝或一些接近大地的工作，然後去慢跑，流流汗、喘喘氣。

另一個建議就是，你可以設定鬧鐘一個小時響一次，每次當鬧鐘響起時，你就開始對生命中的某件事表達感恩之情。比如，可以感謝母親，感謝她生養了你，或者感謝天氣不冷也不熱……如此對事物表達感激之情，每小時一次，然後你就會發現，這樣做將改變你的精神狀態。

你那麼在意別人的想法，最終受苦的卻是自己

❖別人並不像你想像的那麼在意你

我發現，很多時候我們都是因為太在乎別人的想法而受苦。

這是一種思維模式，也是情緒習慣。

別人的腦袋裡面想的是什麼，你永遠無法清楚。有人對著你皺眉，並不表示他不喜歡你。有人看到你不打招呼，可能他沒戴眼鏡，或只是兀自沉溺在自己的感覺中根本沒注意到你。有人看到你時臉色不好，可能因為他正肚子痛。

但是，我們自己內在的「傷口」需要對號入座，如果感覺不被愛、不受重視、被批判，於是就判定說，對方的言行是「針對我來的」，我做錯了什麼嗎？上次見到他的時候我行為舉止有不妥之處嗎？還是他聽別的朋友說了什麼？各種猜疑，九轉迴腸，百般思量。

我有時喜歡玩微博，因為上面的網友們非常可愛。同樣一件事情，我發出

去，反應是天差地別：有人稱讚，有人罵，有人會留下完全與你發的內容無關的評論。如果要針對別人的留言起反應，那一路看下來你就會是又哭又笑、有悲有喜，像不像一個瘋子？

記得我婚姻出狀況的時候，最難過的當然是怕傷害到親愛的家人，其次就是擔心大眾的輿論以及讀者的看法。當時，我羞愧難當，有一次去上一個老師的課，和一名讀者配對做個案。由於是親密關係課程，必須暴露真實的狀況，於是我小心翼翼、有點為難地說出了自己的情形，很擔心她會如何反應——她會震驚嗎？她會失望嗎？她會批判我嗎？她會告訴別人嗎？她會看不起我嗎？還是因同情我的遭遇而安慰我？

沒有。都沒有。

聽我面色凝重地陳述完之後，她愣了一下，緊接著第一反應是問：「那你還會繼續寫書嗎？」

哦！是的。她是我的讀者，喜歡我的書。她關心的是我還會不會提供她在乎、想要的東西。至於我的婚姻狀況，無所謂，真的與她無關。這件事情讓我有點錯愕，當然當時也是一個極大的撫慰：原來別人並不像我想像的那麼在意。

❖越是想要去隱瞞什麼，別人反而越會猜疑你

經歷了婚姻失敗的打擊之後，我感覺自己變得越來越真實。因為我發現，越是想要去隱瞞什麼，故意去做什麼，別人反而越會評論、猜疑你。你理直氣壯、若無其事地過好自己的生活，別人的流言蜚語真的會比較少，而且無法影響到你。這是一種能量的交互作用，非常微妙，但也非常準確。

俗話說「豈能盡如人意，但求無愧我心」，我們都是自己有愧才會招來別人的蜚短流長。

為什麼在意別人怎麼說？一定是自己對自己的言行有「不安」的感覺，因為內心早就有自我批判，有跡可循的，給人家的批評留下了餘地。

我女兒就不太在意別人的看法，有點我行我素的味道，所以一般來說，她的情緒比較穩定，不會患得患失、東想西想的。我兒子就不同了，他爸爸隨便一句批評，他就一定要辯駁，而且會非常生氣。我常常告訴他，你跟爸爸見面的時間不多，他喜歡教訓你，你就把耳朵關上，享受和他在一起的感覺就好。

但是我知道，兒子由於缺乏安全感，所以希望得到爸爸的撫慰和認同，但是爸爸始終沒有看見這點，每次和兒子在一起，就會忍不住開始說教，因為他心裡

也有很多不安全感，覺得兒子的行為如果偏差了，會影響到他，而且別人會認為是他的錯。

喜歡說教的人，通常也是用「說教」來獲取重要性和價值感，沒有自我覺知的人，是無法覺察並且停止的。而且這種事情是這樣的：一方越是在乎，另一方就會越加進行這樣的行為。

像我女兒，和她爸爸在一起時，她爸爸說什麼，她就表面應付一下（其實她的耳朵和心幾乎都是對他關閉的），因此她爸爸會覺得無趣，也不想說什麼了。但是兒子不同，兒子在乎，有反應，而且會和爸爸爭辯、抗衡，那這樣對方興趣就更大了。

如果能夠清楚地認識到這點，我想，那跟我們所有重要關係人相處的時候，就可以由自己來主動結束這樣令人厭煩的牽絆關係了。

❖ 內心安寧，來自於對自己各種情緒的全盤接納

我有一個朋友非常在意人家的說法、看法，幾乎是為了面子而活的。這樣不但消耗了大量能量在外表的裝模作樣上，更為自己的生活造成很多不便。

可他無法意識到這一點，因為內心太脆弱又自卑，充滿了自我憎恨、鄙視，所以不得不向外投射，認為別人都瞧不起他，所以他需要格外努力去爭取認同。一旦不能獲得認同，或是別人稍微說他一點不是，他就會憤恨不已，把對自己的憎恨又全部拋向對方，造成人際關係上的衝突。

所以，想要平和，我們自己內在要先有平和，才能不在乎外面的風風雨雨和波浪。內在的平和雖然絕大多數是天生的，但是隨著年齡增大、閱歷增多，並且通過自我覺察、靜坐冥想等方式，可以增加平靜的程度。然而我覺得，真正的內心安寧是來自於對自己的全盤接納，對自己的想法、情緒都能有所覺知而且接納。

那些內心很不平靜的人，有些是太過在乎自己的感覺。感覺一不好，就馬上想要擺脫。甚至會立刻責怪、怨恨那些讓他感覺不好的人、事、物。感覺很好時，就自我陶醉，而且恨不得永遠停留在那一刻，不要離開。

太過看重自己的感覺，無法和自己的感覺拉開距離，因而不能承受、接納各式各樣不同情緒的造訪，可能是很多人當下最需要修習的重要功課。

感恩那些挫敗的過往

德芬導聆

✣只有你最看重的關係，才可能變成你的罩門

有一次，我與一位常常在朋友圈裡曬恩愛的朋友聊天，他跟我說自己的親密關係有多好多好，我就問他：「像你這麼挑剔的人，怎麼會跟你太太相處了二十多年都還那麼好？」他說：「對呀，我這麼多年從來沒跟她吵過架，就連拌嘴都很少，她做什麼我都覺得挺對的。」

接著他說：「德芬，也許真的像你所說的，每個人都有自己的罩門。而你除了親密關係，事業、親子等關係都不是你的罩門。但對我來說，親密關係一直處得很好，所以不是我的罩門。」

我為什麼說親密關係是我的罩門？大概是我人生中的大部分關係，比如事業、父母、孩子、朋友等，都處理得很好，可能我的運氣也很好。但就是在親密關係上，我一直遭受挫敗。

我是那種愛起來連命都可以不要的女人，因此特別重視親密關係，認為它就是決定我一生幸福的東西。為了它，名和利我都可以丟掉。所以我的親密關係總是容易出現問題。所以說，人生所有的關係，只有當你過度重視它的時候，它才會成為你的罩門。

在生活中，我們每個人的罩門都不一樣。那麼，我們應該怎麼看待、善加保護我們的罩門呢？因為，罩門可能是我們的死門，但同時也是我們的出口。我覺得，我們應該時時刻刻注意到自己潛意識中那些負面的東西。

很多人一生都陷在所謂的罩門中拔不出來，但我想告訴你：所謂的罩門，一定是有兩面的，不是絕對地進去就出不來。

人的一生，難免會遇到可能過不去的關卡，那麼怎麼絕地重生呢？這是我們終生要修習的功課。

幸福從哪裡開始？就從我們的罩門開始。我們要做的是一旦陷入困境，隨時隨地都能自救。

現在，我很感恩那些遭受挫敗的過往。因為如果不是在親密關係上遭受挫敗的話，我現在不知道自己會高傲到什麼地步，不知道自己會自以為是地飛到哪裡去了。我可能根本遇不到那麼多未知的自己，也活不出自己想要展現的深度。

❖一切都是因為「太在乎」

回溯我自己的生命歷程，我曾經用各式各樣的東西刷過存在感：學歷、事業、金錢、相貌、友情、父母、孩子、親密關係等等。但是我越不在意的東西，就越能自己發展得很好；而我投注最多心力的，反而一塌糊塗。

我的工作其實一向非常順利的，只有剛唸完ＭＢＡ，積極想掙錢的那個時候（大約三十歲左右），被工作困擾過。當時我想多賺錢，讓父母和自己過更好的生活，但也隱隱約約地知道，錢對我來說，並不是一個人生的難關。後來，我暫時放下對金錢的追逐，事業反而就比較順利了。一九九七年，我做了內地最早的培訓顧問，掙了一些錢，後來去了新加坡的一個大公司工作，發展也不錯。

和父母的關係也是。從前，母親的負面能量常常影響我。她的刻薄、挑剔、對人的不信任以及對世界的恐懼，還有對我永無止境的批評，曾經造成讓我心碎難熬的人生困境。後來經過我的努力，雖然對她百般好，但還是堅持做我自己，慢慢地她也變了（這是靈性成長累積內在力量的結果）。

當我越不在意的時候，我和那些與我有關的事件和人的關係反而漸漸變得和諧了。我在靈性成長的過程中，不斷地放下對父母的需要（心理上的），降低對他們的期望，連我父親有一次都抱怨：「自從你去搞什麼身心靈成長之後，就越來越不愛爸爸了。」

我笑著回答：「是啊，我對你的愛，已經不是那種希望你讚賞我、肯定我、時時關注我的愛，而是正常的、輕鬆的、不造成雙方負擔的愛的能量的自然流動。」

慢慢地，他也習慣了，放鬆了對我的依賴和控制……

總的來說，在我能力範圍之內，我做到了一個孝順女兒的極致。

孩子也曾經是我的煩惱重頭戲。小時候，我母親對我嚴加管教，所以現在我盡量不去用高壓的方式操控我的孩子們。但是我關心他們的健康，規定他們不可以吃這個、喝那個。生活起居也要求比較嚴格，而且到了十幾歲他們才能有自己的電子用品。不過後來我也放手了，因為太累了，實在管不住。他們長大了，有了自己的生活方式和想法，我不能像個員警一樣天天在後面盯著他們。

但是他們的一些行為也一再挑戰我的極限（太早戀愛、讓狗上床、大冬天穿很少出門……）我咬著牙，一點一點地放下。因為我學習到：很多事情不是你能掌控的，真正的掌控者是命運之手，它在掌控著他們會以什麼樣的方式生活、做事、為人，直到有一天他們的意識被啟發，想要把命運抓在自己手裡，那個時候，我對他們說的一些正知正見，還有我自己的身教，就能發揮作用了。在那之前，我的很多強力干預只會造成他們的反感和叛逆，沒有一點好處。

然後，我的親密關係的功課開始了。那是一段不堪回首的感情，我檢討自己的錯誤，其實只有一個：太在乎、太多期待，而且把對方當作掩蓋我內心黑洞的麻醉品。表面上看起來，我做了所有的努力，實際上，所有的努力都在毀壞這段我人生中最珍惜的情緣。

總之就是，親愛的，無論你現在生命中的痛苦和煩惱是什麼，都是因為你「太在乎」。

放鬆下來，找到自己的中心，分散自己的注意力，把自己的知識、見解拉高一點，多和有智慧、有人生閱歷的人聊天，帶著一顆敞開的心，學習他們的經驗和洞見。當然，這一切都是要經過一番痛定思痛之後，你才會願意把責怪外在的人、事、物的習慣改掉，開始看看你對自己的困境、煩惱、痛苦「貢獻」了什麼。

是什麼在導航你的人生

我有個朋友，在臺灣最有名的一家企業工作，每年僅股票分紅就有幾千萬台幣，她的老公也很有錢。他們買了很多房子，老公想要退休，她卻一直不肯，總覺得錢不夠用。其實在我看來，她的錢已經很夠用了。可她為什麼還是沒有安全感呢？因為內在的匱乏沒有去除，恐懼沒有去除。

我們在生活當中不斷地打轉，忙了半天，為什麼心裡卻不快樂？我們不停地追逐，好像實現目標了，可怎麼還是那麼空虛呢？這是因為我們每個人從小就被父母設定了一些既定的模式和程式。

大家都瞭解飛機上有一種模式，叫作「自動巡航」，只要設定好之後，飛機就可以自動駕駛了。這時機長可以喝杯咖啡，甚至打個瞌睡。其實，我們很多時候就是活在這種自動巡航系統裡面。像我這位朋友，就是被恐懼和匱乏的模式所導引，所以賺再多錢她都覺得不夠，沒有安全感，在這一點上，她根本就失去了正常的判斷能力，變得沒有理性。

回憶一下，你曾經是否有過開車從甲地到乙地的經歷——你根本不知道自己走了哪條路，碰到了幾個紅綠燈，你完全沒有感覺，似乎突然就開到目的地了。雖然你腦子裡想著別的事情，可是身體卻像一個機器人一樣，遇到紅燈會停車，遇到有車切過來的時候會踩煞車，遇到該轉彎的時候會轉彎……可是到達乙地之後，你忽然會覺得不知道怎麼就到了。

其實在我們的人生當中，很多時候，我們都是在這種無意識的模式下運行的。當我們脫離不出來時，我們就會責怪別人，責怪時局，責怪自己的命運：怎麼會這個樣子呢？我這麼努力了，我對他那麼好，他怎麼還這樣對我呢？

因為我們看不到，在我們的生命底下，有一台自動巡航的儀器，它在自動巡航。就像你每天起床是從左邊下，還是右邊下，這就是潛意識，都是它在主導我們每天的行為。每個人都有自己想要過的日子，想要做的事情，而且一直都是在自動巡航的模式下運作。這時你跟他說什麼都沒有用，你改變不了他。

所以，你必須不斷地去觀照自己的內在，看看究竟發生了什麼事情，是什麼在導航你的人生。只有這樣你才有主控權，否則你就是你思想的奴隸，你就是你情緒的奴隸，你就是你命運的奴隸。

如果你每天的生活就是起床、做飯、送孩子上學、上班、回家、吃飯、洗澡，然後上床，每天就這樣渾渾噩噩地過著，從來不去反思、觀照自己的內在，那你就不要抱怨命運對你不公平，抱怨你的生活不幸福。因為你沒有觀察你的生活，你沒有掌握你的人生。

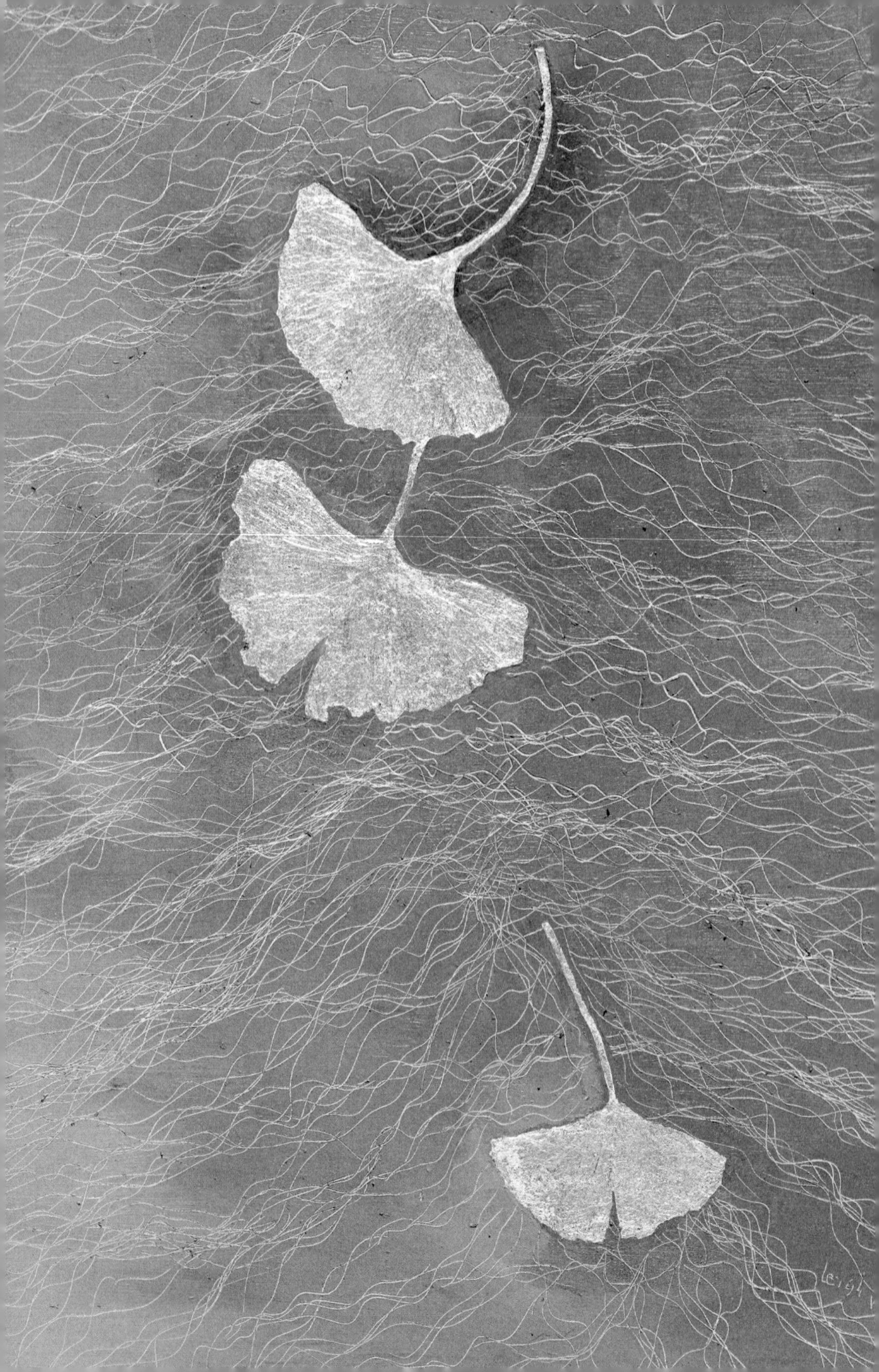

Chapter

2

過你想要的生活

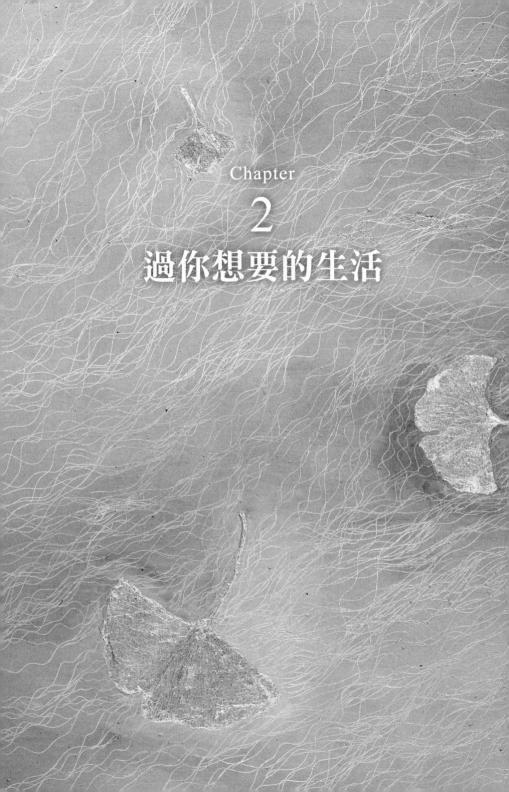

請不要陷入內心的匱乏感中不能自拔

❖ 我們是否陷入內心「匱乏感」的怪圈

曾經，我在微信公眾號張德芬空間的「小時空」修心課裡和大家講到了我們的人生模式，很多人就是不斷地在重複自己的人生模式，過著自己不想要的生活。如果我們看不見這種模式，是永遠無法擺脫的，而每個人的模式，其實非常容易辨別出來，只要稍微留心，就可以看出來。

很多跟金錢過不去的人，他們也許正是因為對金錢有匱乏感，所以終其一生，都在追逐金錢。實際上，他們一生都在和自己的「匱乏感」戰鬥，最終可能反而驅逐了金錢。

又或許有些人有非常好的福報，因此今生累積了財富，但是，正因為對金錢有匱乏感，同時可能也有「不配得」的情結，所以財富的來臨對他們來說，反而讓他們不安心，也捨不得花錢，完全無法享受財富帶來的好處。

又有些人，一生都在和自卑感戰鬥。我見過有些非常有成就的人，可是一開口就是為自己鼓掌，你說其他的人或是東西好，他們立刻要加以批判，好像別人好了他們就不好似的。這類人常常會以自我為中心，彷彿生命中所有的人、事、物都是要為他們加分而來的，他們說的、做的、關心的，全都是為了讓自我感覺良好，用以對抗自己內在的那種自卑感。

自卑感的表現方式也有好多種。有些人是變成表現狂，特別喜歡誇張自己的功績，人來瘋，人一多就特別來勁。他們的所做所為，無一不是為了博得別人的關注，這其實是在彌補小時候缺乏父母關注的遺憾。

而有些人則特別在乎自己有用沒用。用得上他的知識、技術時特別高興，像中了彩票。這種人小時候一定被父母視為無用，或是在成長過程中，曾經因為沒用或不夠有用而受過創傷，所以長大後，他要不斷證明自己，來彌補那種遺憾。

這些外在導向的人，其實內心會非常空虛，在外抓取半天，雖然贏得了一些他們想要的關注、掌聲、嘉許，但是回到家中，那種揮之不去的匱乏和空虛，還是纏繞著他們。

還有一種特別害怕別人瞧不起他們的人，到處對號入座，認為別人不尊重他。這樣的人會不自覺地把這個世界變成他想要的樣子——別人不尊重他。

這樣的人有三個「法寶」：

1.會吸引不尊重他的人來到身邊，因為他散發著不被尊重的能量（你害怕什麼，就吸引來什麼）。

2.他會曲解別人的行為言語，認為這就是別人不尊重他的證據。

3.他的一些行為（因為太在乎別人尊不尊重他），反而會讓周圍的人不自覺地不尊重他。因此，他就創造了一個「到處都有人不尊重我」的世界。

我自己也曾經對號入座過我的不被愛的情結模式。小時候，父母雖然很愛我，可是難免有疏失之處，不知道為什麼，我詮釋他們的行為是「不愛我」，因此種下了我「不被愛」的感受。成年後，我會在親密關係裡面尋找不被愛的證據，或是吸引沒有能力愛我的男人，最終，我的行為讓愛我的男人停止愛我。

❖如何突破「不想要的生活」模式

1.先去找到自己是被哪種感受綁架：不被愛、不被尊重、需要有用（害怕自己沒用）、自卑（我不夠好，我沒人家好）、沒錢很不安全、我就是不值得……

2.找到這種反覆出現的感受以後，認清它是自己的模式、情結，而不是真實的，並且下定決心不再被它愚弄、綁架。

3.每次它出現的時候，一定要立刻看到它（觀照、覺察），然後帶著理解跟它說，我看到你了，我接受你的存在，但是我不會讓你來干擾我看待事物和人的方式，更不會聽你發號施令去影響我的行為。

如此反覆練習，不讓這種感覺掌控你，更不讓它成為你行為的唆使者。

祝願我們都能成為自己心念的主人，不被自己的模式所奴役和掌控。

一切都會變好

❖相信一切都會變好，你不會損失什麼

我們需要有力量去做出選擇，如果你選擇相信一切都會變好，你不會損失什麼。

印度有部電影叫《三個傻瓜》（Three Idiots），裡面有句話「一切都會變好」（All is well.）。這句話就像一句咒語一樣，「一切都會變好，一切都會變好」，不管你什麼時候感到害怕，你都可以唸這一句。電影裡的主人公說，我們的大腦非常狡猾，它會對你撒謊，恐嚇你將會處於危險之中，所有事情都會很糟糕。這時如果你唸這句咒語提醒自己，「一切都會變好，一切都會變好，一切都會變好」，就可以擺脫你大腦的欺騙，之後你就會感覺好很多，並冷靜下來，於是一切都變好了。

我們需要這種信念。如果你真的相信自己生活中的一切事情都可以向好的方

向發展，都將為你服務，那你就能有愛。因此，即便是給自己洗腦，我們也要變得積極，想像自己終將過著快樂的生活，想像一切事情都會變好。即便你最後發現，自己的生活並沒有變好，過的也並不是自己想要的生活，你也不會有什麼損失。因為至少你在追求的過程中曾經快樂過，而且這個過程本身就已經很有趣，這就夠了。

在電影《我們到底知道多少？》（What the Bleep Do We Know）裡面，科學家也表示，我們的大腦並不能真正地分辨現實和想像之間的區別。你會體驗到你所想像的一切事情，那我們為什麼不想點好的事情讓自己快樂呢？

那麼我們要如何說服自己，一切事情都將變得很好呢？

我們可以預先觀想我們想要在未來實現的一些事情，比如你要上臺，但卻害怕在公眾面前發言，你可以預設自己將要面對的場景，先預演一番，給自己鼓勵和勇氣。

電影《大魚》（Big Fish）裡有一個可愛的男主角，他從一個女巫的眼睛裡看到了自己將怎樣死去，於是他對死亡變得無所畏懼。後來，他們的小鎮來了一個巨人。人們傳說這個巨人會吃活人，而且他已經吃掉了農場裡所有的羊，所以沒人敢去跟巨人交涉。但這個小男孩卻勇敢地去找這個巨人，因為他知道自己最後不是這麼死的。小男孩找到巨人後，發現巨人其實很友善，只是因為太餓才吃掉了所有的羊。最後，所有的事情到最後都得到了圓滿的解決，只是因為小男孩知道了自己最終的死法。

我們必須清楚，我們是可以改變自己的生活態度的。它並不是你的一部分，並沒有僵化在你的體系內，而是從家庭、學校和社會中學到的。這種習慣、模式並不是一天就形成的，要改變它至少需要二十一天，也可能需要三十天或三個月。

不走出你的舒適區，你將會處於危險之中

感覺悲傷讓我們很舒適，感覺困惑讓我們很舒適，感覺悲觀讓我們很舒適，因為這是我們從小到大的習慣模式。如果想讓自己變得樂觀，我們必須努力走出自己的舒適區。

然而在生活中，大部分人在本質上都很懶。有時候，我們在自己的舒適區過得很舒服。但是待在舒適區，你是無意識的。如果你不想改變自己，不想遇見幸福的話，你就待在你現在的舒適區繼續過下去；但如果你想要遇見幸福的自己，想要有所改變的話，你一定要走出你的舒適區，強迫自己去做一些改變。

有時候，我們某些不知名的恐懼，真的是很難消除。比如說，有些人不敢關燈睡覺，那你就開著燈睡覺嘛！又比如說，你知道自己很害怕生病，你就強迫自己去面對那種痛或者不舒服。如果你真的很難過，再去醫院看醫生。

還有一些讓我們不舒服的感受，通常我們看到它來就會逃跑。比如，每當母親跟你抱怨，你就會產生愧疚的感受。久而久之，愧疚多了承受不住了，你就惱羞成怒，時常和母親起衝突。其實，我們要做的，就是在當下深吸一口氣，學會和那個不舒服的愧疚感待在一起，守住自己，看著它，它就會漸漸消散的。

如何緩解人際關係中讓你不舒服的情緒？

我常常一個人出門旅行，所以在坐飛機的時候，會不時地被旁邊的情侶要求換位子。通常，我都是保留了靠窗的座位。有一次，我從南極回來，飛了三十個小時，已經很累了，我希望能靠著窗好好睡一下。可是，有一對夫妻想要坐在一起，希望我換到靠走道的位子上，我答應了。

你也許會覺得我很善良，或是怎麼樣。其實不是，我只是覺得：當一個人欠缺什麼的時候，就要給出去什麼。譬如，你給別人祝福，這個祝福就會回到你自己身上。我現在因為單身一個人，形單影隻的，所以看到別人夫妻想要坐在一起，想要團圓在一起，就讓他們能夠達成心願，而這個祝福別人成雙成對的能量，我相信也會回到自己身上。所以，做這件事情的時候，我是心甘情願的。

在生活中，有很多人會不自覺地把自己代入到受害者模式中，遇到一些不公平的事情時，他們沒有辦法直起腰來為自己發聲，爭取自己的權益，總覺得是別人傷害了他們。其實，沒有任何人傷害他們，是他們自己讓自己變成了受害者。而受害

者通常沒有辦法吞下自己的委屈，所以他還會找一個人去責怪、發洩。因此，他們又變成了迫害者的角色。而這些都不是好角色，扮演起來其實挺受苦的。

我覺得大家可以去看一看，在你的生活當中，是否也有一些這樣的事情——你做的時候其實心不甘情不願，但是又沒有辦法拒絕，從而讓自己陷入一個兩難的境地。你會覺得很難受，於是就會找一個人來出氣，來投訴，來發洩。

我希望從此以後，如果你再遇到這種情形，能夠找到另外一種方式來紓解自己的心情。比方說換位子這件事情，要是你不想換的話，那就心安理得地坐在那裡，不要覺得愧疚；如果覺得愧疚，那就好好跟自己的愧疚待在一起，不用勉強去做自己不想做的事情；如果你想換，那就把自己內在的委屈都消化掉，讓自己能夠自圓其說、心甘情願地去換。我覺得做好這樣的小事對於我們的生活品質的提升來說是非常非常重要的，同時也能成為我們人際關係的潤滑劑，讓彼此的關係變得更好。

我們需要嘗試換用各種不同的思維方式來改變自己的看法。這樣的話，你做事情的時候就不會礙手礙腳，覺得受到了捆綁；不會心不甘情不願地去做事情後又不高興。

我曾看到一篇文章，裡面提到：哈佛大學花了大概七十年的時間跟蹤調查了一批人，看這些人平常生活的喜悅程度，和他們在職業生涯上是否成功，以及賺取了多少金錢是否有關係。研究發現，人際關係比較好的人，往往生活品質比較高，快樂程度也比較高，同時掙的錢也比較多，事業也比較成功。最重要的一點就是，他的健康狀況也會比較好。

所以說，我們怎樣把人際關係處理好，是非常非常重要的。

我最近越來越覺得，真正的修行，其實並不是去做那些宗教或儀式上的一些修持。當然，那些也是很重要的，因為它們可以帶給我們一些心靈上的安慰，提升我們的能量。但是，真正的修行還是要落實在生活當中。

當我們跟外界的人或事發生衝突的時候，我們能不能從中覺察到自己的一些習性？比方說對方一定有錯，但是我們一定也有可以改進的地方。像我剛剛提到的那些陷入受害者模式的人，他們都沒有看到自己的問題，只是看到了對方的錯誤，這說明他們沒有能力把眼光收回來看自己。所以，我希望大家至少能夠有這個能力——在與人發生衝突之後，能夠把一些眼光收回來看看自己——我身上到底有什麼樣的信念模式在作祟，到底時常沉溺在什麼樣的情緒模式中不能自拔？

因為我無法和這個情緒共處，所以我才會產生這樣的行為，造成這樣的結果。

如果我們都能夠有這樣的反思，我們的人際關係一定會越來越好的。

別人永遠無法給你公正的評判和對待

曾經和女兒一起去看了電影《我們誕生在中國》，這部電影介紹了幾種動物在一年多時間內的春夏秋冬四季的生活發展，很有意思。

其中介紹了一頭叫作「達娃」的雪豹，牠在氣候嚴峻、土壤貧瘠的荒野高原上撫養兩個寶寶，非常不容易。冬天到了，達娃幾乎沒有什麼吃的，捕獵的時候腳又受傷了，真是雪上加霜。好不容易等到了春天，可是只有犛牛群經過，牠餓慌了，兩個孩子也是。於是，達娃冒著生命危險衝入牛群中，想要叼走小牛犢。

可是，體重超過牠十倍的犛牛們可不依，同樣的護子心切，犛牛媽媽用牛角猛力衝撞達娃。達娃負傷嚴重，只得放下小牛犢逃跑，最後因傷勢過重死在了冰原上，牠的兩個孩子也可能成為其他雪豹的糧食了。

當那驚心動魄的一幕發生時，我和女兒握著手，手心都出汗了。看著達娃為了生存拚死奮鬥，最後因不敵而負傷身亡時，我和女兒都哀嘆不已。

可是我們後來在討論時說，只因為我們看了達娃好幾季的生活了，偏偏導演又給牠取了名字，讓我們感覺牠是一位老朋友，希望牠好。可是卻沒有想過，人家犛牛也是一家子呢，好不容易生了小牛，能輕易讓雪豹叼走嗎？

但是只因我們對達娃有感情，所以不顧犛牛的感受，只希望達娃能夠順利偷走小牛充饑，讓牠和孩子們能夠活下去。

這讓我想到我們的人生：每個人都是從自己的觀點、利益點來看事情或評價人，幾乎沒有例外。

這樣的毛病我自己有時也會犯，可是我會提醒自己，當朋友跟我訴苦，小孩找我商量事情時，我會盡量從一個客觀公正的角度、不帶任何偏見地去幫對方分析。

比方說我有一個朋友，她的男友對她其實非常好，但是她的男友個性和能量與我有點兒犯沖。我很少討厭什麼人，但是我不會喜歡那些對我有成見、不喜歡我的人。然而，每次朋友跟我抱怨她的男友怎樣怎樣，想要離開的時候，我都會勸誡她不要這樣，要多想對方的好處。如果我沒有意識到我應該是要為了我的朋友好，不能為我自己的個人喜好和恩怨而出言相勸，我可能會和朋友一起說她男友的壞話，勸她分手。

所以，人只是關心自己要關心的東西，過濾能力特別強。就像我的婚變，每個人的看法也是各取所需——從自己想要看的角度來看待。

有些人會說，德芬好勇敢哦，始終知道自己要什麼，不會屈就。

有些人會好奇地打探細節隱私。

有些人則會批判說：「她寫了那麼多書，卻連自己的婚姻都弄不好，哼！」

眾口悠悠，每個人的角度不同、觀點不同，我們無法杜絕別人的批評，只能心安理得地做好自己。

想要別人改變觀點，有時也不是一件難事——你只要把他和你的利益放在一起就可以了。所以聰明人其實會創造雙贏的局面，只有愚拙頑固的人，才會任性地採取兩敗俱傷的做法。

再也不受潛意識的操縱了

❖為什麼我們常常會做一些莫名其妙的事——喚醒自己

什麼叫喚醒？

就是如果我們不是帶著覺知去生活的話，你就會像一個機器人一樣，被自動化的機械制約著你的行為模式，就如同植入了電腦程式一樣運作你的人生。

當然，這個時候都是潛意識在主導你的行為了。你不瞭解你的潛意識，不明白自己為什麼會莫名其妙地去做一些連你自己都不知道為什麼要去做的事情，然後你會覺得：「這個人為什麼會讓我這麼不快樂，剛剛我為什麼要對他那麼兇？」

你完全不懂。

有時候，你會突然醒過來，說：「怎麼回事，剛剛為什麼這樣？」

這種情況會越來越多。除非你能夠覺醒過來，並且有意識地去觀察自己：此刻的我，內在有什麼樣的感受和情緒？剛剛我看到那個人的所作所為時，他讓我覺得自己不夠好，所以我會出言去攻擊他。他讓我不舒服，所以我會怎樣怎樣做，這樣我就明白了我剛剛的反應。

所謂靈性成長，就是不斷把潛意識的東西慢慢帶出來。因為潛意識就像一座冰山，它每天都在操控我們的生活。我們要一點一滴地把自己潛意識的東西帶出來，慢慢地，你就會更加瞭解自己的起心動念，以及自己為什麼要做這個事，為什麼不快樂。

瞭解別人都很容易，瞭解自己卻很困難。因為我們的很多東西都在潛意識裡面，只是不願意看到它，才把它壓到潛意識裡面去。所以說，通過潛意識來瞭解自己是最好的途徑。

❖你在我身上看到的東西，你自己都有

那麼，怎樣才能通過潛意識來瞭解自己呢？

首先就是去觀察自己的內在陰影——帶有負面能量的那部分。

陰影不見得都是壞的。比如說很多讀者都很喜歡我，覺得我既聰明又優雅等

等。其實這些人在我身上看到的東西，他們自己都有，這就叫黃金投射。可能小時候因為某種因素，他們不願意讓自己太聰明、太優雅。現在他們其實都做得到，只是沒有往那個方向發展，所以才會把對這些特質的嚮往，投射在別人身上。

還有一些負面評價，比如「這個人怎麼這麼懶惰，我好討厭他。這個人怎麼這麼虛假，我好討厭他……」

如果你因為一個人的某種行為而很討厭他的話，那也是你的投射——陰影的投射。比如我不願意承認自己有虛假的一面，而且我也很討厭自己虛假的那一面，但我總不能一天到晚罵自己吧？所以看到別人虛假，我就特別想去罵他：這個假惺惺的人太噁心了。

這些都是潛意識裡的活動，當我們慢慢把它帶到意識表面上來時，我們會過得更快樂。

❖你隨意評判別人的話，都會回到自己身上

曾經，我跟一個人回饋說她講話尖酸刻薄（當然也是未受邀請的回饋），當時我說的時候並沒有什麼情緒，只是如實反映，也沒有批評的意思。然而這個人卻完

全不同意，她沒看到自己當時那一副損人的樣子，只是非常情緒化地予以否認。

這讓我想起我的孩子小的時候，那時我在新加坡的一個大公司上班，非常忙碌，還沒有開始靈修，所以脾氣很壞，常常修理孩子。孩子的爸爸那時候就告訴我：「我真想把你對孩子說的話錄下來，讓你自己聽聽。」我當時還不服氣。後來，我得了抑鬱症，不得不自己沉澱下來，開始向內探索的時候，才逐漸看到自己的言行是在怎樣地傷害別人。

隨意評判別人會讓自己感覺良好，尤其是批判名人。因為你知道名人的一些私事，或者你站在一個觀點上去批判別人，就會覺得自己道德崇高：批判這個人怎麼樣，那個人怎麼樣。比如說某個明星結婚了，「那個男的不怎麼樣啊」這之類的批判。好像這樣一說，自己就是個人物了。

現在我覺得，你看到別人的好，就隨喜上去，不要去批判和評價，我們為他感到開心，祝福他就可以了。

如此，你就會把他的正能量也帶回來給自己；相反地，如果你看到別人的好，就去投擲負面能量給他，那麼這個負面能量也會反射回到你自己身上。所以說，如果我們想要去批判的時候，就要注意到這一點。

所有正能量發出去，同樣的正能量會回到我們身上；所有的負能量發出去，

也會加倍地回到我們自己身上。其實這個世界就是一面鏡子，你給它展現了什麼面貌，它就會用什麼樣的面貌來還給你。

佛家說隨喜，告誡我們不要做違心的事，就是說我們所說的話、所做的事，一定是發自我們的心，出自我們的意。佛家講身、語、意，主要就在於源頭是否出於好心、好意。

其實，親密關係裡的批判性，有時候會格外嚴重。如果這個問題是發生在別人身上，我們可能不會覺得怎麼樣，可如果是發生在我們的親密伴侶身上，我們可能就會去指責他——因為我的利益跟他是牽扯在一塊的，那我對他的批判可能會格外嚴重。比如當別人做了一件我看不慣的事情時，我會覺得跟他又不熟，不關我的事；可要是親密關係中的他做了一件我看不慣的事情，因為我和他彼此很熟了，所以我就會不顧禮貌和彼此的界限去批判他，這個是滿有殺傷力的。

生命中遇到的一切，都是用來幫助你成長的

德芬導聆

❖ 生命中的難題，反映了舊時的記憶和創傷

很多人問我，真的有因果報應嗎？業力到底是什麼呢？

因果報應這件事，真的很難說清楚，因此我無法給予一個明確的「有」或「沒有」作為答案。但是我可以和大家分享自己在這方面的體會。

觀察周圍的朋友和我自己，我發現：所有讓你不舒服的關係和發生在你身上的不愉快的事，都是專門為你量身打造的。

也就是說，我的問題，在你那裡不會造成困擾；而你的問題，對我來說真的不是個事情。

為什麼會這樣呢？

因為我們的人生就是一個不斷學習和成長的過程，而生命中遇到的那些人、事、物，都是來幫助自己成長的。

比如我，看似在生命中的各個層面都已經修得差不多了。父母關係、親子關係、朋友關係、事業、金錢、健康，幾乎都可以過關。所以，我平時好像是個專家，任何朋友有這些方面的困惑，我都可以給出答案，幫助解決。在這個過程中，我常常感嘆：「哎，這件事擺在我身上，根本不是任何問題，絕對不會造成這麼大的困擾。」

然而作為「補償」，我的親密關係卻一塌糊塗。

我的親密關係問題，對周遭的閨密來說也是不可思議的。她們會覺得，這種事情根本就不會發生在她們身上，如果發生了，她們的應對方式也與我不同，絕對不會這麼麻煩，這麼痛苦。最後，逼得我不得不好好去面對自己內在的問題。因為，顯然癥結不是出在這件事或那個人身上，而是我自己內在需要學習的功課、需要被療癒的創傷。

因此，每當我們說：「為什麼我這麼倒楣，遇到這樣的人？為什麼我這麼不幸，碰到這樣的事？」其實，如果靜下心來回觀一下自己，你便會發現，不是有緣不會相會——這件事或這個人，就是直搗你的罩門而來的。後來我真的發現，每個人在生命中所遇到的難題，真的是專門為了針對你的內在需要被喚起並療癒的那部分而設計的。

所以，會問有沒有「因果報應」的人，一定是卡在某件事或是與某個人的關係當中煎熬的人。會在乎「業力」的人，也一定是莫名其妙被卡在一個痛苦的情境裡面脫不了身的人。無奈之餘，他們會問：「這是不是因果業報啊？我上輩子做了什麼，或是我欠了什麼，要遭逢、面對這樣的事？」其實，這樣的問法是無力的、被動的、脆弱的。你不如這樣問：「這件事，這個人，反映了我舊時的什麼記憶和創傷？我現在應該如何去療癒它？」這才是正確的問法！

自己的壞情緒，不要去找替死鬼

脫離因果報應的方式很簡單，但卻不容易做到。那就是：為發生在你身上的事，負起百分之百的責任，願意放下責怪、埋怨、罪咎，而坦然面對這件事或這個人。從「如何讓這件事能夠發展得更好」、「如何彌補這件事的缺失」、「如何讓雙方都能夠更好過」的觀點去處理這件事。如果當中有和你對抗的一方，那就放過對方吧。只是集中精力和注意力，花時間在你可以「做」的事情上。有時候，其實你根本不需要「做」什麼，只要改變自己內在的想法、看法，整件事情就會有意想不到的結果出現。

有時候，我們遭逢打擊，不得不承認好像就是有一股業力在牽引著我們，讓我們去做自己不想做的事，動自己不願意去動的念頭，說自己不想說的話，既放不掉，也無法擺脫。

這個時候，我體會到，燃燒業力最好的方法，就是去感受和承擔你最不願意面對的情緒。也許是不被愛的感受，也許是被拋棄、覺得自己不夠好、感到罪咎、羞愧、恐懼、不甘、憤怒、憎恨……等等，我們自己內在hold不住這些感受，就會找個替死鬼來承接，所以怪罪別人要輕鬆容易得多。

我自己的經驗就是，其他人真的只是來陪你玩這個遊戲的，把焦點放在他們身上，怪罪他們，或是想要他們改變，真的是事倍功半，而非終極解決之道。

如果你想要真正的成長，想要擁有一個自由的靈魂、自在的人生，為自己的情緒負起責任是最重要的。我這個口號喊了很多年，「親愛的，外面沒有別人」已經說了好久了！但一直到最近，我才終於願意勇敢地去直視自己最害怕的感受，並且為它負責。也只有在這個時候，我才能說，我稍稍做到位了。

為什麼會這樣呢？

因為面對自己比怪罪別人痛苦多了。誠實地去接納自己的不堪，願意去看到業力、因果都是我自己內在的記憶和舊時的創傷造成的，是多麼令人不舒服不愉悅的事啊！相對來說，糾纏在某一個人或某一件事情上面，真的比較好玩，至少熱鬧，因為有那麼多「他人」在陪你玩這個遊戲。

但總有一天，你會像我一樣，真的厭倦了、疲憊了，不想再玩這種「被他人、被情緒、被外境」奴役的遊戲了。也許那個時候，你會真的願意安靜下來，回頭看看自己，回來承擔所有的責任，放過那個人，放下那件事。雲淡風輕地過——日——子！

放下，從放下面子開始

現在，很多人都愛說放下。什麼叫放下？很多人說我不會放下，而且我也放不下。那麼，放下從哪裡開始？

放下，要從放下面子開始。這是人人都能做到的，可能說其他東西我放不下：我放不下對某個人的牽掛，我放不下對所執著之事的牽掛等等。那麼，就請試著從日常生活中的點滴小事，從放下我們的面子開始，其他的慢慢也就放下了。

其實好面子的人，就是把他身分的認同感給放錯了地方。

我們每個人都需要有一個自己的身分認同，如果沒有做很多的工作去充盈內在的話，我們會不自覺地把我們的愛人當作我們自己身分的一個延伸；把孩子當作我們身分的一個延伸；然後把自己的面子也當作自己身分的一個延伸。

在美國，高速公路上常常有公路暴力。雙方搶車道時，一言不合就拔槍相對。為什麼會這樣呢？還是面子的問題。這其實是一件很無聊的事情，你在開車，別人搶你的車道，你那麼生氣幹嘛？如果你去把他抓下來問，可能他真的是特別尿急要去上廁所；或者是他母親生病了，他想趕到醫院去看她。也許人家是有理由的，但你為什麼要生氣？因為你覺得他竟然敢搶你的車道，這讓你沒面子。

其實，有這種想法的人是很可憐的，他們把自己的身分認同建立在如此微不足道的地方——車輛正在行駛的車道上。這樣的身分認同，就好像女人手裡拿的包包——包包貴重，她就是一個尊貴的人；要是拿著名不見經傳幾百塊錢的包包，她就會覺得自己特別沒有價值，會被人看不起。

如果把自己的價值、生命的價值和自己的身分認同，都放在這些外在的事物上，那你自然而然地就會在很多關係裡面一直有衝突。因為你需要不斷地向外抓取東西，來增加自己身分認同的價值感。

如果你的內在對自己不認可，找不到一個能夠安身立命的所在的話，你所有的身分認同和價值感都是來自外在，那你就會很重視面子。那麼在生活的各個方面和各種關係裡面，你永遠都是面子掛帥，會活得非常累。

在生活中，我們看到很多人都是活給別人看的。比如一些所謂的「土豪」就是這樣：他們穿的衣服、鞋子、開的車都是哪種貴就買哪種。可是他們出門住酒店，卻可以住很便宜的酒店，買機票也絕對不會買商務艙。這就很奇怪了，他們的一雙鞋子的錢就可以坐一趟舒服的十幾個小時的長途飛行，可他們偏不，他們寧可穿著漂亮的鞋子給別人看，然後在別人看不到的時候自己吃苦，虐待自己。這就是那種需要從外在來尋求身分認同感的人，這種人注定過得相當辛苦，也很難得到真正的快樂。

退一步來說，就算你拿著一個名貴的包包，那又怎麼樣？看你不順眼的人，還是看你不順眼，你永遠無法控制別人怎麼想。穿衣服也是一樣的道理，有些人甚至沒有自尊、沒有自信到了好像身上不穿著名牌衣服就不敢出門的地步，這真是很可悲的。

在職場上，大家知道公司裡常常有辦公室政治之類的紛爭，其實爭來爭去，也還是一個面子問題。你要這麼去想：我盡力把事情做好，這是最重要的，而不是為了我的面子。歸根到底，這種政治鬥爭多了以後，對公司來說是一點兒都不好的，因為事情都沒人做，大家都去權力鬥爭了。朋友關係、親子關係也是如此，如果說你沒有辦法跟自己的孩子道歉的話，這也是一個問題，因為大人總有做錯的時候，那個時候我們就該跟孩子道歉。

真正能夠放下面子的人，才是最有力量的人。

真正有內在力量的人，是不在意面子的。

很多人總是很在乎面子，但很可悲的是別人都能清清楚楚地看到你在做什麼——其實你內心很不踏實、非常空虛，所以你才這麼要面子。反過來說，如果你不是那麼在意面子問題，那麼反映在所作所為上，就會讓別人感覺到你的內在真的是有力量的，反而能贏得別人的尊重。我們在與人相處時，最終的目的不就是希望別人能夠尊重我們嗎？想要追求自我感覺良好，那就要看這種感覺是來自於外在還是內在，是外在導向還是內在導向，弄清楚這個才是最重要的。

你所要的，真的是你想要的嗎？

對每個人來說，選擇都不是一件容易的事，因為我們的每一個選擇，都在左右著自己的人生。過於犧牲或者過於貪婪，都可能導致悲劇的發生，關鍵在於你知不知道自己真正要什麼。

我有一個男性朋友，自己開公司賺了一些錢，長相斯文普通，人還算忠厚善良，但為人節儉吝嗇，而且言語無趣，沒什麼生活品味。每次和我們一群女孩子出去吃飯，他都要go dutch（分賬）。我常常送一些書給他，他從來都問心無愧地收下，沒有任何回饋的表示。

他當時跟我說他的夢想：娶一個長髮披肩、皮膚白皙、貌美如花的妻子，而且還要為他生兒育女。由於他年紀也不小了，而且是再婚，所以我個人覺得機率不大。但是我那個時候剛好在玩心想事成的遊戲（十幾年前了），所以就教他發願，每天早上醒來就觀想這個女人在他的懷抱中，晚上睡覺前也是。

大概他心意非常堅定，過了兩年，居然讓他碰到了。這個女人非常美麗，身材也好，皮膚白皙，總之，她的外貌就是他夢寐以求的女神。這樣相貌的女孩，願意和他這樣沒有魅力的老男人在一起，當然原因除了錢，沒有別的。於是聽說他斥資為她在臺北富人區買豪宅、名車，常常去名牌店購物，想來這一定讓我朋友挺心疼的。

後來，他們果然步入了婚姻的禮堂。但是當時我們幾個朋友很壞，都在打賭這段婚姻可以維持多久。婚後沒多久，女的就懷孕了。聽說兩人這時開始爭執越來越多，常常吵得不可開交。但是，他們最終還是生了一兒一女，如了我朋友的願。

然而，這些年來因為兩個人爭吵不斷而帶來的鬱結情緒，讓我的朋友得了重病。最後當他撒手人寰的時候，最小的孩子才一歲多。他的財產，當然都給這位美女和兩個沒有爸爸的孩子享用了。

這個故事讓我非常感慨。很多人總是不知道自己到底適合什麼樣的人、該做什麼樣的工作。雖然我們常說，要think big，想得高、看得遠，但是現實的考慮是不可以沒有的。我的朋友就沒有考慮到，以他這樣無趣、無才、相貌又普通的人，人家超級美女為什麼要嫁給他。

我也看過很多人，其實有一定的能力，他們積極投入事業，奮發向上，但是目標太高，身段也高，不肯從小的地方扎扎實實地做起，總是幻想有一天，天上會掉個大餡餅下來，最後也落得一事無成。

這兩個例子就是典型的好高騖遠，可是身在其中的人卻一無所知。

也許，在我們編織自己夢想的同時，也應該好好衡量一下自己的條件和狀況，不要存有僥倖心理。最好就是多去諮詢其他有識之士，誠懇地請求那些有經驗、有智慧的人，給我們一些中肯的建議，而不是一味地去追逐夢想。

追逐夢想不是不可以，而是要看清楚自己的意圖。如果完全是出於匱乏，想要證明自己，或是對金錢恐懼，想要海撈一筆，這種意圖，很難讓你有所成就，就算命中注定地成功了，也無法享受自己奮鬥而來的成果。因為那些匱乏和恐懼的情緒模式，不會因為你的成功和有錢而改變的。

太過飄浮在空中、無法腳踏實地做事的人，最終都會有一個結論：這個世界是不友善的，自己非常倒楣，總是沒有好運。其實，還有一種說法是：好運是機會碰到了準備好的人。你有沒有能力消受這樣的美女？錢財來了你是否守得住？好運來了你是否會珍惜？禮物來臨之前，總會有一些插曲，你是否看得到、準備好接受禮物？

這個世界雖然不一定是公平的，但是它的確存在一些事物運作的潛規則。你是否瞭解這些潛在的規則？你是否能夠不被自己的貪婪和匱乏所蒙蔽，而願意去配合這些規則的運作，在其中為自己創造比較有利的機會？所以最終，回頭看自己，給自己一個公正的評價，再決定你要什麼，這樣才是比較理性的。

這也是心想事成的一個重大的陷阱：你所要的，真的是你想要的嗎？它來了，你能hold得住嗎？想清楚了再去許願、再去追求，可能才是明智之舉。

隨時檢視對自己有害的思想模式、信念體系和行為模式

生活中，在我們每一個人的信念系統裡面，都有一些非常奇怪的東西。比方說，我認識一個女孩，她非常非常優秀，是一家最火紅的公司的CFO——首席財務官。可她對自己的評價卻非常低——她長得很漂亮，卻覺得自己醜得要命；她其實很能幹，卻覺得自己一點都不好。

這種人就像是活在自己的一種夢幻式的邪教體系當中，他們堅信自己是不好的、沒有價值的。所以自身的健康狀況、人際關係和喜悅程度，絕對都比較低。

我也看到一些人有非常自卑的情緒，你跟他在一起，你說什麼話他都會聯想到你在瞧不起他，你在不尊重他。

我有一個朋友的愛人就是這樣子的，我一不小心就會踩到他的地雷，說每一句話都得深思熟慮，不能隨隨便便就去否認他的意見，更不能說他有任何不好。只要一戳到他的痛處，那簡直就是滔天大罪，他可以三天都不理你，擺一張臭

臉，所以跟這樣的人在一起很辛苦。

我覺得像這樣的人總是認為這個世界就是瞧不起自己，每個人都是來欺負他的，都是針對他而來的。當然，他也會讓你過得非常不快樂。

我還曾近距離地見過另外一種人，他覺得自己的母親非常糟糕，所以他有責任和義務去教訓他的母親。雖然他已經快六十歲了，而他的母親都已經快八十歲了，可是他常常出言不遜，對母親惡聲惡氣的，甚至要動手打他的母親，說要教訓她一下，讓她知道厲害。

當我勸他的時候，我發現他也是完全停留在他的那個思想體系裡面，完完全全看不到自己有任何錯誤，還總是振振有詞地為自己的行為辯護。

我覺得，上面所說的這幾種人，他們的思想體系根本就是一種邪教，對自己非常不利。

其實，所謂的邪教，就是一種過於偏執的信仰。不僅對自己有害，對他人也有害。然而，有一些宗教信徒，或是參加某些宗教組織的人，他們自我感覺良好，過著非常充實的生活，非常信奉自己那個團體所傳輸的教導，也在身體力行地實踐，並沒有去壓迫別人、強迫別人，或是做出傷害別人的事情，我覺得這種是可以接受的。因為他們只要在某種信念體系裡面不去傷害別人，不去危害自己家人的利益，我覺得這樣也挺好的。

我希望大家都能有一種意願去觀察自己，都來檢視一下自己的日常生活，看看自己的生命中，到底有沒有一個一貫的模式可以遵循，有哪些模式是一再重複發生的，而且對自己是相當不利的，可能它就是你需要去療癒的模式了。

然後，知道自己目前生命中所有存在的問題，不是來自於外界的人、事、物，而是來自於我們自己沒有足夠的能量，沒有足夠的空間去應對這些人、事、物。如果我們能夠看到對自己有害的思想模式、信念體系和行為模式的話，並進而能夠改變，那我們的生命就會有很大的不同。

做我以往不敢做的事，最終過我想過的生活

● 宮崎駿說：「我始終相信，在這個世界上，一定有另一個自己，在做著我不敢做的事，在過著我想過的生活。」但我更願意相信，這一生，我會努力挑戰自己的舒適區，做我以往不敢做的事，最終過著我想過的生活。

● 一段刻骨銘心的愛情的破碎，讓我看到自己的許多不是。一段長途艱苦的團體旅程，暴露了自己的許多不堪。還好我越來越愛自己，看到了這些長久以來被壓抑或自己視而不見的部分，用愛去接受、整合它們，讓自己成為一個更完整的人，而不是「好人」或是「女神」。

● 有人說：「在愛情面前，誰認真誰就會輸。」話是不錯，但愛情是遊戲嗎？要有輸贏嗎？如果只看輸贏，對我來說就不是愛情了。

- 有些人喜歡跟自己過不去，他們懲罰自己的方式，通常是懲罰自己的親密伴侶。所以，我們需要覺知到自己的行為哪些是意氣用事，不但傷害了別人，也造成了我們自己的痛苦。不要一味去責怪別人。覺知到之後，要痛下決心改變。

- 讓我們學會信任的，不是去相信別人不會傷害我們，而是讓自己學會接受傷害，並因而成長。

- 那些總是在自己的舒適區驕縱著自己的人，無法成長。而且很多人的舒適區竟然是受苦，痛苦使他們有存在感、自我感，或者說，不痛苦人生就不夠有滋味。

- 面對令人情何以堪的負面情緒，無論是對一個人的思念，還是悔恨、自責、羞愧、悲傷、憤怒，只要承認並接受「這輩子也許永遠無法放下這個情緒」的事實，你的感覺就會有所變化。那個痛可能還會在，但已經不影響你了。

- 改變習慣和態度需要付出代價，但是相較於不好的習慣和態度為我們所帶來的麻煩，還是改變比較划算。

- 真正的寬恕，是看到其實沒有你需要原諒的人或事，所有的事情都是為你而來，不是衝著你來的。口口聲聲說要寬恕的人，其實還是受害者心態，強迫自己要忍。

- 有受害者心態的人，總覺得發生的事情都是衝著他來的，害他變得怎樣怎樣。一個人如果抱持這種心態，是很難快樂起來的，生活也容易不順利，更重要的是，你這種看待事物的觀點，會不知不覺地傳給下一代。

- 我們有時候會說，當初看走眼了怎樣怎樣的，其實不是看走眼，而是我們自己的內在有一個「要」，有一個「貪」，所以才會做出那些後來看起來愚蠢的事，才會讓其他人有可乘之機。

- 過於用力展現自己美好一面的人，往往也是最不能接受自己不好那一面的人。

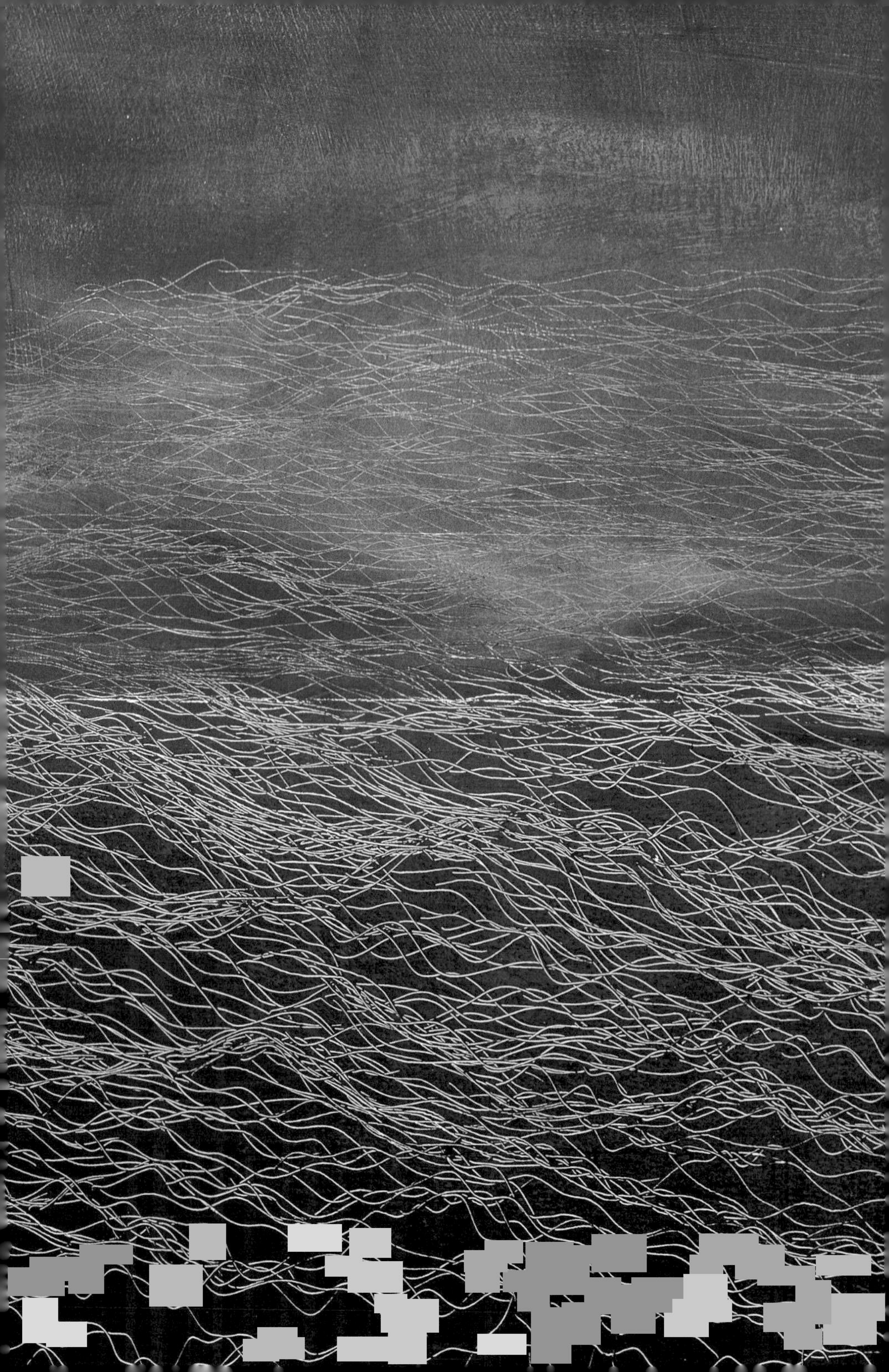

Chapter 3 內心比紅顏更長久

女人最應該呵護的是「精神顏值」

德芬導聆

第一次聽到「精神顏值」這個名詞的時候，覺得很有趣。精神，應該是無形的；顏值，是有形的。這兩個詞語湊在一塊，我們應該怎麼去理解比較好呢？我思考之後的想法是，一個人的精神面貌，其實應該是會顯現在他的外在的。

我們常說，一個人三十歲以前的面孔，是由父母決定的，也就是說先天的基因比較重要；而三十歲以後的面容，就需要自己負責了。因為你的臉上、你的氣質、你的氣場裡面，寫著的是你走過的路、看過的書、交往的朋友、愛過的人，甚至你的人生觀和價值觀，都可以一覽無餘地被讀出來。

所以說，精神顏值就是歲月、時光在你臉上刻畫出的氣質線條。你給人家的第一印象，和你相處的人的感受，都是你精神顏值的表現之處。學習心靈成長一段時間之後，我也不自覺地開始會去從別人的面孔、言行舉止，尤其是眼神，去看他們的生命故事。正所謂凡走過的必留下痕跡，你的生命軌跡，必然會以某種方式——無論是有形的還是無形的——呈現出來。

有種為職業所苦的人最好被認出來，他們的眼角眉梢淨是苦味，好像有一肚子的眼淚沒有流出來。而那些比較刻薄、犀利、嚴酷的人，他們的能量場就是會讓人不舒服的，更何況臉上還刻著各種不屑和輕視。

所以，自我成長和靈性成長，其實就是在幫助大家培養一個比較健康、好看的精神顏值。當你能夠理解自己、接納自己，和自己為友，甚至愛上自己，那麼你的精神顏值一定會大大地提高。

你每天餵給自己的靈魂什麼食物？你的所思所想、接觸的人、說的話、做的事，都會影響你精神養分的攝取。你看書嗎？聽音樂嗎？你反思嗎？自省嗎？你靜坐嗎？接近大自然嗎？你誠實嗎？善良嗎？快樂嗎？你每天接觸的、發散的是什麼樣的能量振動頻率？接觸你的人感覺舒服嗎？這些都是培養我們精神顏值的最佳指標。到了一定的年齡以後，其實真正的顏值就在於精神顏值，外在的條件都已經不重要了。

所以，我們就從今天開始，關注自己的精神顏值，永遠不遲！

教養，是女人一生最大的財富

談到女人的修養，這也牽扯到她是不是足夠善良，會不會潑婦罵街，讓男人沒面子，或者是當她的利益被侵犯的時候，她會用什麼方式去回應。

我常常教我兒子：在跟女人交往的時候，你要看她跟前男友是因為什麼問題分手的，通常她會重複之前的分手模式。你要看她提到前男友時是什麼樣的反應，如果她還是一直在罵對方，一直說對方不好的話，那麼你就要小心了，她對你也會重複這個模式。

我覺得一個女人的教養，就表現在當你觸犯了她的利益之後，她的表現是不是寬容大度。也許剛觸犯到她的時候，她會很生氣，可是之後她可以原諒，可以包容，那麼這就是一個女人的教養。擁有這種教養的女人，對男人來說是終生的財富。因為一個人真的寬容、放過了別人，也就會寬容、放過自己，反之亦然。而且，一個有教養的女人，教養出來的孩子也會比較好。

所以男人找對象真的要注意，娶妻不好是禍延三代的，會直接影響孩子，然後孩子影響孫子，幾乎要三代才能修正過來。

沒有教養禍延三代

沒有教養禍延三代，這絕不是聳人聽聞。

我的一個朋友，就是因為她奶奶不好，所以將她爸爸教得不好，爸爸不好，所以娶的妻子個性也不好，然後生下她來，她也很辛苦。後來她接觸了靈性成長，不斷地修，過後她的女兒就很好了。算一算，這真的是影響了三代，直到第四代才改正過來。

在大多數情況下，教養和文化並沒有直接關係，和學識、學歷也沒有多大關係。有時候你會發現：一個不識字的農村婦女，胸懷和涵養卻非常棒；而有些受過高等教育的，居然還到監牢裡去了。教養主要還是跟個性有關，跟小時候的家庭成長環境有關。

我在《遇見未知的自己》裡面講過：一個人先天的個性、後天一些注定要碰到的事情，還有他的家庭環境、父母的關係和教養、父母或是照顧他的人的性格（因為他也許是爺爺奶奶帶大的），還有他所接受到的學校教育和整體大環境，所有這些因素「相乘」，就等於現在這個人的性格和價值觀等。

比如我的兒子和女兒：我和孩子爸爸對他們很平等，沒有特別偏愛哪一個；他們出生的時候，家裡的環境也都沒有太大差別；他們倆相差一歲半，所以沒有一個出生的時候家裡很窮，一個出生的時候家裡很有錢；或者說一個出生的時候父母感情不好，一個出生的時候父母感情好。我和孩子的爸爸前期婚姻都還滿穩定的，所以他們倆出生成長的環境，所受到的教育其實是一樣的。可他們在個性、行為模式等各方面的表現，簡直是南轅北轍，相差很大。

這就是我們所說的先天帶來的個性，DNA裡就有了，占了百分之六十以上。

真正的教養，是以父母為典範

舉例來說，我女兒天生就是一個不會去侵犯別人的人，個性特別好。即使在青少年時期她也幾乎從沒有跟我頂過嘴，也沒有跟我大聲說過話。

有一次，我跟一個朋友出去吃飯，她也帶著自己的女兒，和我女兒同齡，當時我就看到朋友跟女兒說話都小心翼翼的，好像生怕講得重一點就得罪了女兒似的，而她的女兒也很不耐煩地回應。那位朋友還是一個單親媽媽呢，和女兒的相處方式居然是這樣的。

回來以後，我就特別讚賞我女兒，覺得我女兒真好，她從來沒有跟我不耐煩地說過話，就算我把她逼急了，她就說「OK、OK、OK」，息事寧人的那種。可能她天生就是一個個性比較溫和、比較會做人、處事圓融的人。

但我兒子就不一樣，他脾氣不好，常常控制不住自己的情緒，而且生氣的時候講出來的話挺傷人的。當他口出惡言時，我就不理他，跟他說：「你走開，我現在不想跟你說話。」於是他就走了。等他脾氣消了以後，他會來跟我道歉。這時我就跟他講：「你有沒有注意到你剛剛說的話？你對媽媽講的那個話很傷人的。而你現在怎麼對我，將來就會怎麼對你的親密伴侶，這樣很不好的。」

之後，他經歷了一段很短暫的親密關係，這段感情破裂以後，他開始自我檢討。他還自己寫下來，說在這個親密關係破裂以後學到了什麼：第一，不要太輕信別人，不要太快就陷入愛河，要多做考核；第二，在分手的時候，不要口出惡言，更不要打電話給她的家人或朋友去投訴抱怨等等。他把這些都寫下來，然後跟我分享。

我自己的親密關係破裂之後，我也會跟孩子們聊我的想法。他們就很能理解，我為什麼跟他們的爸爸不能繼續相處下去。當然，我自己也會檢討反省，他

們也能看得見，我這種行為也在潛移默化中影響了他們。

有一次，我碰到一個朋友，平常都是她在養家，她老公什麼都不做，後來還在外面有了小三，吵著要跟她離婚。雖然小孩當時才兩三歲，朋友也沒有堅持，就這樣放手了。她是個醫生，現在她前夫生病的時候，她還會幫他看病，有時候還跟前夫一起帶著孩子去吃飯。

我跟她說，你真是豁達，有修養。她幽幽地說：「我也走過一段艱難的心路歷程，剛開始同樣不能接受，有很多怨言。可是過了那段時間，就放下了。」她接受了老公的背叛，接受老公找了一個樣貌不如她、學歷也不如她、賺錢能力也不如她、各方面都不如她的一個莫名其妙的女人，她接受了這個現實。雖然很不容易，但是她做到了。現在，她全心投入自己喜歡的工作，過得非常充實和快樂。

所以，我覺得一個真正有教養、有度量的女人，最終是能夠做到雙贏局面的。

當然，一個真正有教養的人，還要能夠回到自己的內心，檢討自己在婚姻破裂的問題中所要擔負的責任。像我這個朋友，雖然很認真地工作，賺錢養家，但是，她沒有花太多時間陪伴老公。她覺得要尊重對方的個人空間，所以給她老公很多的時間和空間，也沒想太多。

從表面上看，她好像沒有什麼可以自責的。因為不太熟，我就沒有再深入探討她在自己的婚姻當中，當初是否做了什麼或沒做什麼，才會導致婚姻的破裂。但是我會設想，如果是我遇到這種情況，我該怎樣去做一個正向的應對，並在事後深自檢討，怎樣才能做得更好。同時，我也希望自己能夠因此而變得更好，並把這個經驗教給我的小孩。

男性能量VS.女性特質

❖ 如何打破自己的男性能量慣性溝通方式

幫助我活出更多女性特質的，其實來自我的兒子，還有我以前的愛人。因為我發現，家裡如果有一個很強勢、很男性化能量的母親，就會有一個非常懦弱的兒子。如果你嫌你的男人不夠有男子氣概，不像個男人，不能撐起這個家，那可能是因為你太強悍。

如果你真正愛你的男人、愛你的兒子，希望他們能夠成長為一個真正的男人的話，你就必須學會在他們面前做一個小女人。當你向他們提出要求的時候，即使是同樣的話，如果你處於一個小女人的位置，那種能量、氣度和力道就會不一樣，對方聽起來的感覺也會不一樣。

我們要不斷地覺察自己，比方說，當我看到兒子的行為不對，我要依照往常的慣性去糾正、譴責他的時候，心裡就會浮現：「又來了，要注意哦！」這是一個很重要的覺察，需要在生活中不斷地去操練。當我那個嘴上的利劍就要出來的時候，能不能在說出口之前的四分之一秒的時間，停在那裡，做一個轉換，這是需要不斷練習的。

人生的修煉，首先就是要打破慣性，並能夠時時刻刻地覺察自己，在當下覺察自己。就像一個演員：我是一個演員，我在演我的角色，我在說這句臺詞之前，可不可以有四分之一秒的時間停在這裡，然後決定下一句臺詞怎麼說，用什麼能量說，用什麼語速說，在什麼狀況之下說，這是我可以決定的。

如果你在生活中不斷操練，你會發現總有一個階段會發生改變，從不知不覺，到後知後覺，到當知當覺，到先知先覺。我孩子小的時候，我常常罵他們，那時就是完全不知不覺的，我還罵得很得意，覺得小孩子就是要被罵的（我渾然不覺，自己可能把他們當出氣筒了）。

學習心靈成長以後，我知道了不能那樣罵孩子，從此開始了很長時間的後知後覺的過程。我們現在都知道小孩子需要多鼓勵，不能用罵的；要溫柔一點，不然就會讓孩子變得很懦弱。我兒子天生就是比較懦弱的個性，如果我再用強勢去壓他，那他就更弱了。罵完孩子們以後的後知後覺，真的是挺痛苦的。

但是只要你堅持，願意去覺察，這個過程就會慢慢演變成當知當覺——你正在扠著腰罵的時候，突然會意識到「不對！不能罵，應該要緩和一點跟他說，溫柔一點跟他說」，這就是當知當覺。這樣繼續堅持操練下去，就會慢慢過渡到先知先覺——你那股氣上來，正準備開口罵的時候停了下來，深吸一口氣，換一種方式說。最後，我真的就能做到這樣了。

如何發揮自己內在的女性特質

所謂男性能量，第一個就是有話直說，有錯就改，事情要馬上做，而且一定要黑白、是非、對錯分明。

擁有男性能量的女性雖然非常能幹，但是女人就是女人，一定要注意自己內在的女性特質。我也是一個很能幹的女人，比如我想要做成一件事的時候，我會用各種方式、各種手段，這條路不行走那條，折騰半天，最後終於搞定了。

開始修煉以後，我發現其實有一條更簡單的路——我只要耐心地再等兩天，事情就可以輕鬆地完成。可是我等不及，白花了好多力氣。最後發現其實是因為我喜歡去展現自己的能力，事情如果太輕鬆就完成了，對我來說就沒有挑戰了。我喜歡花費很多力氣、捲起袖子來、使出自己三頭六臂的能力把事情搞定，這樣

才有成就感。這是非常典型的男性能量，其實不見得對我好。

所以，如果你也看到自己在用男性的能量特質在做事情的時候，可不可以退一步，停兩天，把這個事情放在那裡，讓它慢慢去發酵，說不定過兩天真的就會水到渠成了。

我們可以試著容許事物有它自己一定的時間和空間。慢慢你會發現，很多事情其實只要發個願望，輕鬆地去做你該做的事，就會水到渠成，根本不需要我們拿出三頭六臂的能量去奮戰。這也是一種慣性行為模式，就像其他人生模式一樣，當我們知道它不能再為我們服務了以後，就要下定決心去改變。

如何做一個內心強大的小女人？

❖像水一樣，無堅不摧，但順勢隨流

有些女人長得真的很漂亮，在工作上可能也很有能力，每次相親的時候，給人家的第一印象非常好，但是只要跟男人深入接觸兩三次，人家就沒興趣了。有時候，這是因為女人過分強勢。

真正內心強大的女人，其實是像水一樣，無堅不摧，但順勢隨流，讓人很舒服。那些什麼都要人家聽她的，嘴皮上耍功夫討輸贏的女人，其實內心是最脆弱、最沒有安全感的女人。

這樣的女人真的要去好好面對自己，看到自己的控制欲和不安全感，願意在自己溫柔的回觀、陪伴下，慢慢放手讓事情自然去發展，讓別人自由地去做他自己，不要試圖用控制人、事、物的手段，來慰藉自己內在的驚恐和不安。

還有一種女人完全不解風情、語言無趣，容易讓男人打退堂鼓。根據我的觀察，這樣的女人都是非常虛假而且內心封閉的人。她們對自己太沒有自信（即使自己很美麗、很能幹），害怕說出自己內心的真實想法，於是找了一個理想面具往臉上一戴，就再也拿不下來了。她們在和人交談和溝通時，都是隔著面具，讓人有一種不真實的感覺。久而久之，她們和自己的內心更加隔閡、疏遠，所以越來越無趣。

真實、自然、不造作

一個有魅力的女人，第一要件就是要真實、自然、不造作，這是最好的化妝品和嫁妝。一個願意坦露自己內心、不需要偽裝的女人，才能流露出真正的女人味。否則，再好的化妝品和美麗的服飾，也會像廉價香水一樣令人難以忍受。

太多人不敢做真實的自己，因為她們認為真實的自己會沒有人愛，沒有人接受。這是來自童年的詛咒：父母無法愛我們本來的樣子，因此我們必須假裝不是自己，活出他們想要的樣子來屈從他們，才能得到搖尾乞憐之後的認同和愛。現在我們長大了，不需要父母和他人的認同也可以活得下去，所以，可以試著不讓這種錯誤的行為模式來繼續左右我們了。

活出真實的自己需要付出一定的代價。你必須首先愛自己，做自己最好的朋友、情人，願意冒風險去說實話、做自己真心想做的事，而不需要維持一個假面具。雖然這樣做有一定的困難，但是我相信，如果你有這樣的意願，並朝著這個方向前進，就會逐漸摘下你的面具，從而活得越來越真實。

可以做狠事，但不能說狠話

以前，我在受到情傷的時候，曾經去請教過我的一位朋友。不是因為他修行有多好，或者是什麼大師，他就是一位普通人，但他在某些方面情商特別高。

這位朋友教我：在親密關係中只能做狠事，但不能說狠話。我覺得這簡直戳中了我天生的一個罩門要害啊。平時，大家都知道我很會說話，嘴巴厲害，情緒上來的時候，往往會對一件事情毫不留情地加以批判，尤其是當一個人做錯事的地方或是他的一些不好的心態，我總是可以一針見血地把它描述出來，或者攻擊對方，現在想起，其實這是非常非常不好的習慣。

當跟親密伴侶發生齟齬或衝突的時候，我雖然會說一些不適當的狠話，可實際上我是說到做不到的。對方一看就知道你只是個紙老虎，知道你是個只會說狠話，卻不會做狠事的人，所以他絕對不會去改變自己，而且還會變本加厲地去縱容他的本性，最後鬧得兩個人勢必要走上分手的道路。這是我在親密關係中一再受到挫折之後，痛定思痛檢討出來的。

其實在親密關係中，我一點都不強勢。無論是生活層面還是兩個人的互動層面，我都有很大的讓步空間。比如，要去哪裡度假啊，吃什麼餐館啊，什麼時候出發啊，去多少天啊，這些我通常都會跟對方有商有量，互相尊重。而且大部分時間，我都會順從對方的要求，並沒有自己很強烈的意見和主張。但是因為我平常說話的時候就是會不由自主地很強勢，所以會讓別人以為我是一個強勢的女人。所以，我需要學習的就是不要強勢地去說話。

記得以前有一個朋友，跟他在一起的時候，因為他睡眠狀況不好，所以我們一起出去旅遊的時候，盡量都是睡兩張床，這樣我翻身的時候就不會打擾到他。我們有時候去那種比較好的民宿，真的只有一張大床，沒有辦法分床睡，我就會跟民宿的老闆說，「可不可以給我一張床墊，我睡在地上。」

很多人可能會覺得我這樣很委屈，可我自己並不覺得，因為我那個朋友個子高大，那麼大的床，當然給他睡；而那個床墊比較小，當然是由我來睡，而且我並不在乎睡在地上。

我常常說，我這個人就是別人跟我在一起相處十分鐘，就把我所有的缺點都看完了，可是我還有很多優點，需要別人慢慢去發掘。那像我這樣的人真的就比較吃虧，因為很多人看到你說話比較強勢，就會有點害怕，不想跟你深交。即使是朋友，或是親密伴侶，他們也會因此常常覺得受傷。但實際上我為他們付出得非常多，也非常包容他們，但是就因為嘴巴厲害，其實吃了很多虧。

一路走到今天，我想跟大家分享的就是，任何時候，我們都不要說強勢的話，不要說狠話。當需要為自己劃定界限的時候，就用行動表示出來。換句話說，要忍得住一時之氣，然後還是去做你喜歡做的事。

比如，如果你覺得每個週末都要跟老公回去看公公、婆婆是一件令你非常抓狂、挫敗的事情，可是你又不便直接說不去，這個時候你就可以試著輕鬆地跟老公說：「我這個週末要跟閨密出去玩，所以沒有辦法回去看爸媽了，你代我問他們好，下週我們再一起回去看他們。」可能你老公一開始會暴怒，可能公公婆婆也都會不高興，甚至下次回去的時候還會給你臉色看，讓你好害怕！但你就是一直安安心心地堅持做自己，如果你老公暴怒罵你的時候，你就走開不理他，不要覺得理虧；下一次回公婆家的時候，他們如果給你臉色看，你也安安心心地做自己，不去看他們的臉色。然後再下一週，還是不回去，就這樣讓他們知道，這是你的權利，你沒有必要把自己的每個週末都花在陪伴他們這件事上面。

但是，如果你覺得自己沒有什麼朋友，每個週末都好期待回去陪公婆，這個時候你當然可以聽老公的話了。但如果說你不想去，內心有牴觸，那我就建議你心安理得地做自己想做的事。因為，只有心安理得地做自己，讓自己快樂的時候，你才能給周圍的人顯露出最好的自己，成為他們最好的陪伴。

我希望大家都能夠在自己的心裡找到那片樂土，心安理得地做自己。

善良的你，如何讓對方不設防

❖ 同理對方的感受就好

很多夫妻、伴侶，終其一生都未能走入對方的內心。當然，一個極其敞開、願意分享自己內心世界的人也是不多見的。因為當我們還是天真無邪、完全不設防的孩子的時候，就開始被其他人不斷地傷害，最終讓我們每個人都發展出了一套自己的防禦機制，讓我們的內在形成了一個被壓抑的、任性的、自私的孩子。平常，我們裝模作樣，假裝自己是個大人，為人處事有章法、有條理、有理性；可是一旦情緒爆發，這個孩子就會跳出來，肆無忌憚地搞破壞、任性吵鬧、自以為是，留下一堆爛攤子，讓成年的我們在羞愧和自責（也可能是自圓其說）的情緒中收拾殘局。

所以，想要走進一個人的內心，最重要的就是要能夠接納他的這個內在小孩。尤其是當他開始跟你分享一些心事的時候，你的態度是什麼？是指責（批判）？嘲笑？還是不在意？還有一種最糟糕的反應方式，就是給出建議，提出解決方案，讓對方反而有下不了臺的感受。

其實，最好的態度就是以非常理解的方式去傾聽，什麼都不用說，只要同理對方的感受就好。同理的表達其實很簡單，有的時候你只要重複對方說的話就可以了。當然，適當的時候你也可以這樣說，「哦，那樣真的很殘忍」，或是「哦，那樣真的挺令人難過的」「哦，這樣啊，難怪讓人不舒服」。你不用去加重他的感受，或是為他的情緒命名，除非他自己說出來了。否則他可能會立刻採取防禦機制，說「哦，沒有啊，我不難過」「沒什麼不舒服，不就這樣嗎」。

❖ 對自己和對方絕對誠實

另外一種走進別人心裡的方式，就是對自己和對方絕對誠實，而誠實是會傳染和影響的。如果你能夠打開自己的心，分享自己最脆弱、最真實的一面，對方也能夠如此回應。這個就要靠自己修煉的工夫了。你是否願意面對自己內在那個不堪的、黑暗的、脆弱的、無助的、卑鄙的、嫉妒的、自私的小孩？他只是你的一個面向，你越是願意去承認他、擁抱他，並且在你的心裡給他一個合法的位置，就越能夠消融他的力量，不讓他做你的主人。給他一個合法的位置，意味著每當他出現的時候，你能夠如實地觀照他，不去批判、否認，而就只是以中立的立場看著他。

另外，不要只是滿足對方的外在需求，那是最容易被取代的。要能夠知道對方的喜好，並且投其所好，這是很重要的。所以，我們需要在生活中帶著意願去觀察、理解對方，並且有覺知、有意識地去滿足他的內在需求。一般來說，每個人的內在需求就是被理解、被接納、被認可，尤其是在他做錯事的時候，如果能夠獲得寬容和原諒，那對方的感激就不是用言語可以來形容的。

比如有一次，我推薦以前的愛人去上一個靈性課程，他中途上不下去，就離開了。回來之後，他覺得很難對我交代，在述說他為何要離開的時候，我感受到了他的羞愧感。我告訴他：「沒有關係啊，這種事情不能勉強的，上不下去就算了，沒關係的。」我可以感受到他的釋懷，本來他覺得心口很堵，不知道如何交代，我的理解讓他立刻就放鬆下來了。當然，這個前提是，我不是想要藉由讓他上課來改變他，我沒有這樣的目的。另外，我也不在乎別人說：「哦，德芬姐的愛人上靈性課上不下去跑掉了。」我不覺得這有啥丟臉的。也就是說，如果你把自己的一些需求、面子、目的等，加在你愛的人身上，那麼你要的東西就會比他的感受來得重要。這樣的話，抱歉，你是走不進他心裡的。

有內涵的人一定吃過苦，但吃過苦的人不一定有內涵

一次長途旅行後，我回到了臺北，也不知道為什麼和初中時唯一還在聯絡的好友約了第二天吃飯。

她是我當年班上唯一比較親近的朋友，因為我年幼時的那種傲慢囂張是非常惹人討厭的，自己都沒有覺知。她的個性比較軟弱，在強勢的媽媽面前極其討好以求得生存，所以當時跟我可以交朋友。但是這兩年她終於醒悟了，開始拒絕強勢母親的控制和剝削，春節也不回家、不打電話，這是一個長期被壓迫的孩子的正常反應。

不過，這次一坐下來，她就開始抱怨和鄰居的糾紛，都是在我眼中看來毫無意義、層次很低的負面東西。我試著告訴她，她對鄰居太太的感覺，其實是對母親感受的延伸，因此現在主要還是要修復和母親的關係。但是她聽不進去，又開始抱怨她弟弟，負面能量之強，開始讓我很不舒服。我當時覺得：我大老遠剛從

印度回來，跟你開開心心地吃頓飯，為什麼要當你的垃圾桶？我跟她說了自己的感受，她大概是正在氣頭上，無處可發，就翻臉了。從小時候開始的舊賬，到我嫌棄她遲到，又嘲笑她是豪門怨婦，一直怨氣沖天地罵我。

要是以前，我真的早就翻臉走人了，何況是這種負面東西，我才不接受呢！你看，我那時的想法都充滿靈性的傲慢，沒有慈悲心。但是我沒有發作，只是好言好語地和她解釋。然而，她就像一個不講理的潑婦，連一句稍稍不太正面的如實回饋（我說她沒有時間觀念，因為每次都遲到），她都非常生氣，無法接受。當然，她更不能接受我說她是豪門怨婦（日子過得非常好，卻一點都不快樂，怨氣沖天）。我忍著氣，坐在那裡看著她，接受她的辱罵，看著自己小我的挫敗和萎縮，不求贏，只是承受。

我當時心裡其實是想用這個經驗來為自己未來的親密關係練習鋪路的，哈哈。如果能接受在爭執中不求贏，只讓對方出了怨氣，然後慢慢和解，我期望未來我的親密關係能不再受苦。最後，她罵夠了，終於冷靜下來，還是很珍惜我這個朋友，雖然沒有道歉，但是她的態度就是希望和我繼續做朋友，我也欣然同意。

不過回到家，我便開始檢討自己。她罵我的話，其實很多不無道理。平常沒有人會對我說這些難聽的真話，所以即使她在氣頭上說的也很可能是真的。我身上真的是隱約有一股傲慢氣、優越感，平常一般人可能不會感覺得出來。但是，像她這樣自卑、一直被踩在母親腳下，現在好不容易要翻身抗爭的人，我每一句話、每一個眼神，對她來說都是嘲弄和輕蔑。

我於是打電話給我北京的閨密，問她我有沒有這個問題。她認識我二十年了，也是一個個性非常柔軟的人，不知道是不是受了我二十年的氣。我想了想有點羞愧，就真誠地跟她道歉。但是她說她並沒有這樣的感覺，不覺得我有像我同學說的那種「高高在上，把她踩在腳底下的輕蔑」。從這點可以看得出來，我同學因為母親這樣對待她，她不自覺地把這些感受投射到了鄰居、好友、同學的身上。

北京的閨密因為不自卑，所以她不會感受到這個。不過，趁我態度良好跟她道歉的時候，她還是說了一些我讓她不舒服的感受。她很敏感我因為對她付出太多，有時候會有一些「你應該幫我做這些」的嘴臉。我想也是。不過，對閨密來說，這也是她小時候的課題，真的非常有意思。

結論就是，每個人的煩惱和看事情的角度，真的都和小時候種下的印記、養成的模式有關。不過，這個並不能讓我們推卸責任，說因為這是你的問題，所以我沒問題，不需要做檢討和改變。因為，我身上一定有讓她們不舒服的特質，才會勾起她們小時候的痛，這是毋庸置疑的。像我們這種年紀的人，身邊往往很少人會說真話了。即使你的親密伴侶，有時也會因為不想冒著與你起衝突的危險，而選擇不說。或者說，你的伴侶早已經死心了，知道說了你也聽不進去，只好裝聾作啞地忍受著。

所以，把和朋友、愛人之間吵架的內容拿出來好好檢討自己，其實也是一個修行的好捷徑。否則，無論你修到什麼境界，上了多少課、拜了多少大師，如果你沒有勇氣好好面對自己內在被其他人勾出來的陰影的話，都不算是真正的修行、成長。

而當我深自檢討、懺悔了以後，覺得心裡有一塊堅硬的地方鬆動了，情緒上感到久違的輕鬆，慈悲心、包容度也都更加見長。我很感謝老天一路的指引，讓我能夠不斷地成長，而沒有舒服過了頭。所有的艱苦考驗，都只是為了要我更加自由。

最後，和大家分享一段話，作為本文的結尾：

> 有內涵的人一定吃過苦，但吃過苦的人不一定有內涵，也不一定能夠成長、成熟。這主要是看你受苦之後，是否能向內看，把自己看清楚了，修正自己而不是外境。

Part

TWO

愛得
剛剛好

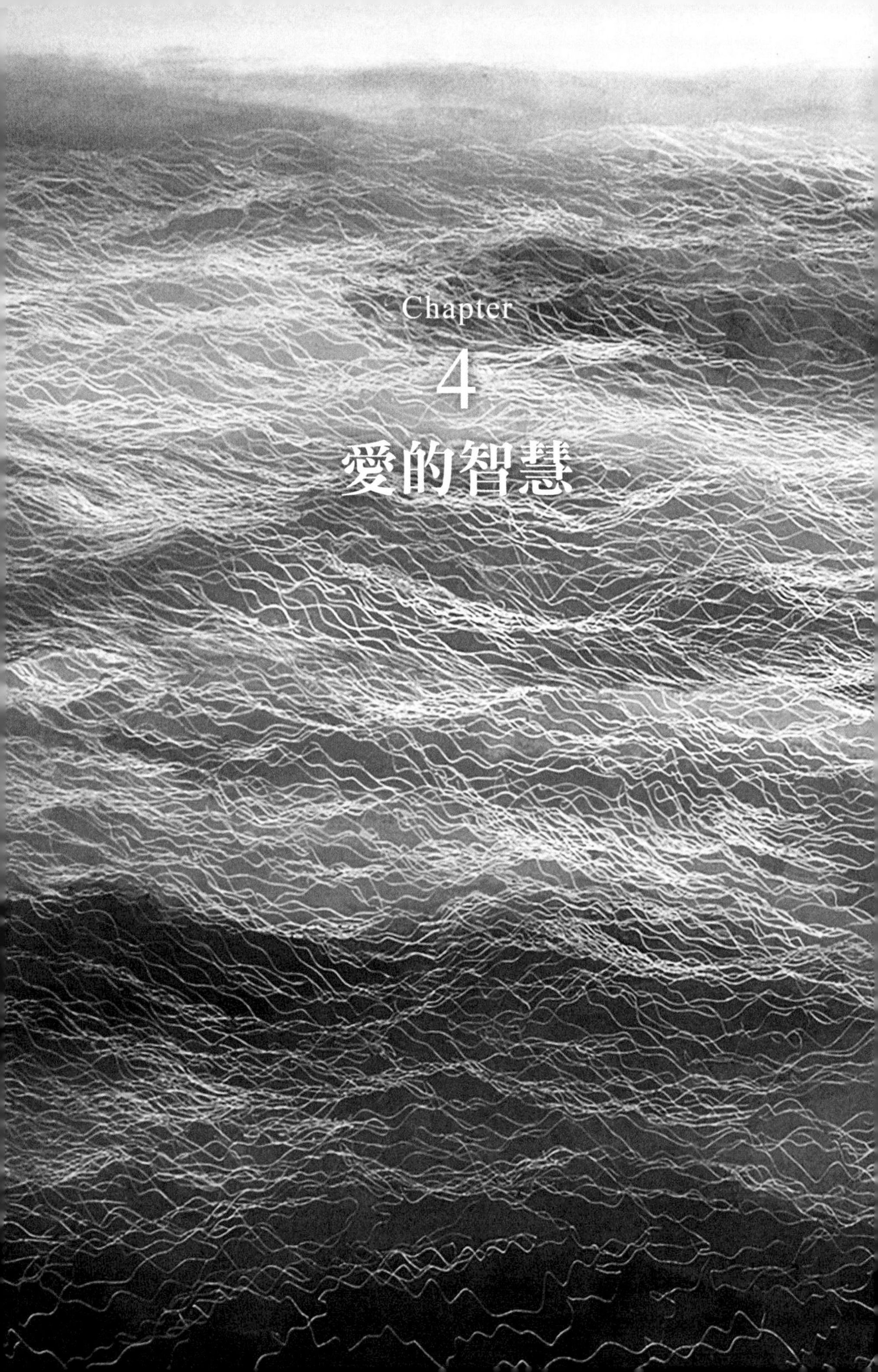

Chapter 4 愛的智慧

請別把存在感和安全感都刷在你愛的人身上

現在有一種觀點：所謂的愛，其實也是一種依賴。說這話的人會覺得在這個世界上，其他人都讓自己沒有安全感，於是就會把自己所有的存在感和安全感都刷在一個人身上。

現實生活中，我看到很多女人都是這樣：把她們的安全感和存在感刷在父母或者孩子身上——所以，即使父母很老了，身體不行了，甚至自己都六十多歲了，還是要抓著父母不放，在醫院用各種手段不人道地急救。有些人是拿孩子來刷存在感，給孩子很多壓力，希望他們有所成就，因此就會逼著他們去學奧福、數學，上各種培訓班，讓孩子學得十八般武藝樣樣精通，一定要考上好學校等等。

我之前親密關係出問題，其實也是刷存在感的問題。我在親密關係中尋求小時候沒有被父母滿足的情感需求，但是這些需求其實應該在生命成長的過程中，用其他更多、更好的方式來滿足，而不應該一股腦兒全推到親密關係當中。

有些人一旦投入自己的事業當中，或是投入自己的興趣當中，沒有感情生活照樣過得很滋潤——因為他們的情緒波動和情感需求不是來自於親密關係的另一半。比如說有些畫家，當他投入自己的創作中時，會覺得有沒有感情依靠是無所謂的。但我就是特別會把我的情緒需求放在另一半身上的那種人，所以才會在親密關係上出那麼大的問題。

我們美其名曰愛別人，其實是一種掌控，以及缺乏安全感的抓取。很多時候，因為我們自己不會找奶吃，所以需要別人餵。而餵的那個人就很倒楣了，可是我們卻美其名曰愛——因為我愛他，所以我無論如何不能失去他，所以他要怎樣怎樣；而且我為他付出了那麼多，所以他應該怎樣怎樣……

其實，這都不是真正的愛。真正的愛，是永遠都把自己放在第一位——我自己先舒服了，我才有資格說我愛你；否則我自己都不快樂，卻說「我希望你讓我快樂，我希望你怎麼樣……」這樣的愛就成了索取，而不是真正的愛了。

親密關係是人生最好的修行道場

德芬導聆

親密關係是人生最好的修行道場。你跟父母的關係，可以檢驗出你這個人成熟與否；而你跟親密愛人之間的關係，可以檢驗出你這個人到底有多愛自己，有多瞭解自己。因為你的愛人就是一面鏡子，映照著你最不想看見自己的那個部分。

為什麼戀愛開始的時候很甜蜜？因為很新鮮，你在他身上看到的全部是美好的東西，他在你身上看到的也都是美好的東西，所以兩個人一起在那兒做美夢。可是漸漸地，當兩個人熟悉以後，事情就往相反方向走了。以前是黃金投射，把最美好的幻想放在對方身上；接下來是陰影投射，把自己不想看到的東西或者不喜歡的東西投射在對方身上，並且擴大好幾倍。這個時候，就是最佳的修行時刻了。所以說，親密關係是最好的修行道場。

每個人都很不容易走過這一關。我常常聽太太們說，我成長了，我修了，他還在那裡做他的大老爺，他還是在那裡做他自己，我該怎麼辦？說這話的人，其實你沒有真正接納他，你沒有真正回到自己身上。我的建議很簡單，把你對對方的關注和期望全部都收回來，關注你自己。

你對他的很多期望，其實對他來說是不公平的。因為通往墳墓的道路是由期望鋪成的，有期望就會有失望。然後，你就會指責他：「你明明可以這樣做，為什麼不這樣做，你為什麼要這樣對待我？」因為你對他有期望。怎樣收回期望呢？你要真真切切地認識到，所有的問題在於我們自己的內在。我之所以對他有這樣的期望，是因為我內在還缺乏一份穩定的愛，小時候父母沒有給我，現在只有我自己才是唯一可以給自己這份愛的人。

和愛人分手以後，我跟我自己內在的傷痛，那種被拋棄、被背叛、被無視、孤獨、傷感的感受待在一起。我一個人在房間裡，蜷曲在床上，變成嬰兒的狀態，這樣抱著自己。我開始不自覺地叫著一個人的名字，當然不是他的，我叫的是媽媽，「媽媽，媽媽……」我心裡可能還是覺得媽媽沒有以我想要的方式愛我，我有欠缺，我想在愛人身上來彌補我的遺憾，這對他是不公平的。

我母親現在年紀已經很大了，她很愛我。如果我叫她，她一定會抱著我，可是那種感覺現在連我母親都沒有辦法彌補了。唯一可以彌補的，唯一可以給我想要的那份愛的人是我自己。在那個當下，我不再逃避，不再大吃一頓，不再血拚，不再打電話給閨密哭訴。我就留在那個傷痛裡面，像母親那樣全然接納和愛那個「小女孩」，抱著她說：「德芬，我在這裡陪伴你。」

當我們能夠找到自己內在的那份愛，就不會不斷地想通過親密關係來療癒內在的傷痛。那對雙方來講，都是一種折磨。

真正的愛如何測量？

❖ 愛一個人，如何知道他的人品底線

《一念之轉》的拜倫．凱蒂老師在《喜悅無處不在》這本書中講過一個故事。她去醫院探望一位癌症末期的好朋友，朋友很感動，跟她說：「凱蒂，我愛你。」凱蒂說，她知道這位朋友非常勇敢，是勇於面對真相的人，於是她搖搖頭，跟她的朋友說出了真相：「你無法愛我，親愛的。除非你愛你的癌症，否則你無法愛我。」

確實，當我們無法去愛所有的人、事、物時，我們不能說我們可以真正地愛任何人。

這個觀念非常有挑戰性，我剛聽到的時候也是無法接受。不過後來經過我在生活中的觀察，以及對人性地探索和理解，我發現它的確閃耀著真理。就像《當下的力量》的作者埃克哈特．托利說的：我們如果瞧不起一個清潔工，對他沒有

敬意，那麼當那位董事長失勢時，我們對他的臉色可能也會改變。

我為什麼建議大家在談朋友的時候，應該多去看看對方是如何對待他的前任男女朋友的？如果他的前任對他非常有意見，甚至再也不願意相見，而他講起前任也是不屑的、負面的，你千萬不要傲慢地以為，這是因為他的前任不夠好，人不善良，他不夠愛他的前任，所以才會這樣對她；而因為你夠好、夠善良、對他特別好，他也比較愛你，就會對你態度不同。這實在是癡人說夢。

當你們有衝突的時候，當你損害到他的利益的時候，你再去看看他的嘴臉，一定和他對待前任的方式如出一轍。

一個人的處事方法、對人的態度，是非常難以改變的。除非他在修行，有覺知，看到了自己的問題，並願意改變。否則，他最終的本性如何，在關鍵時刻都會顯露出來。

也許你們之間有一些既得利益的關係（他真的特別喜歡你、有孩子、有事業牽連、你對他未來「有用」、曾經有恩……）。但我想說的是，不要對一個人的改變存有妄想。看清楚他對他不喜歡的、沒有幫助的、甚至損害他的利益的人的態度，你就知道這個人的人品底線在哪裡。

❖ 真正的愛，就是不帶負面性地回應所有的人、事、物

我曾經在微博說過一句話：真正的愛，就是不帶負面性地去回應所有的人、事、物。比方說得了癌症，一個真正有愛的人，不會去批判這個病症，只會看看這其中蘊藏的禮物和功課是什麼。該做化療就做化療，該做手術就手術，該吃保健品就吃保健品，完全不耽誤。

從上面這個標準來看，我們幾乎所有人都沒有能力真正去愛。我正在朝這個方向努力，因為我知道，如果我對一個冒犯我的人、損害我利益的人不能存有中立態度的話，總有一天我對我愛的人也是一樣，我無法真正無條件地去愛一個人，而我希望自己成為一個真正有愛的人。所以，就從自己生命中碰到的討厭鬼或是「怨憎會」的人來練手吧！

我常常看我微博裡面那些罵我的人（其實罵我的人夠少了，而且每次一有人罵我，就有其他網友出來回應並維護我），這是我修行的方法之一：看到攻擊或是讓我覺得不順耳、不舒服的話語時，我是否能夠心平氣和，並且給對方祝福。

曾經，我每次受到傷害時都用攻擊的方式去回應。在親密關係慘敗以後，我

知道我必須好好修正這個習慣了。

真正的愛，就是不以負面情緒回應所有的人、事、物。如果你看到自己的怨憎心又升起了，看到自己又在以負面的方式解讀別人的行為，那就要如實地去看見、接納。只要有這樣一顆虛心，相信我們生活中的很多衝突和糾結都能夠化解。

謙卑為你所帶來的快樂，是超過你能想像的。

親密關係的撒手鐧

❖ 控制對方的行為來取悅自己

以前，我跟前男友等一幫朋友去大理，本來在一桌上吃飯，但他卻跑到另外一桌和一群男人抽菸去了。他平常是不抽菸的，而且我也很不喜歡他抽菸，於是他回到這邊桌上以後，我就特別生氣，當著很多人的面罵他，質問他為什麼要抽菸。

當時他當然很不高興，卻沒有跟我吵，而我也就心安理得的當這件事就這樣過去了。現在我再想起這件事情時，覺得我欠他一個道歉，我當時不應該那樣對他，那是不正確的做法，可是我卻縱容了自己那麼做。

現在想起來，那種做法嚴重侵犯了他的界限。後來他跟我說，他就是應酬，因為覺得跟一群男人在一起抽菸才像個男人，不想讓自己顯得那麼有潔癖的樣子。

其實我也能理解，可是當時我就覺得：你怎麼可以沒有經過我的允許就跑去抽菸？我就覺得我們之間太親密了，會忍不住跨越界限去控制他，用控制他的行為來取悅我自己，這是很不對的。

類似這樣的在親密關係裡用「控制對方的行為來取悅自己」的做法，是對親密關係絕對的打擊。由此我就想，人生需要修行很多東西，從不知不覺修到後知後覺，修到當知當覺，再到先知先覺。可是很多時候，許多隱藏在深處、特別細微的問題我們看不見，只能把可以看到的先修掉。

所以榮格才會說：在潛意識裡頭，你沒有覺知到的東西都會成為你的命運。就是說如果你隨著自己的性子，隨著自己的習慣模式去做事，沒有覺知到更好的做法的話，就沒辦法改變自己的命運。

不尊重彼此的界限

很多男人是非常需要自己的時間和空間，需要獨處的。但是以前我比較任性，會不自覺地去侵犯對方的界限。

因為我以前覺得，親密關係就是一體的，當我想要聯結時，他就應該在那裡。如果他心情不好，無法與我聯結，我會感受到不被愛、被拋棄，那是我最害怕的感受，所以我會去侵犯他的界限，要他提供我想要的東西給我。雖然很多事都不是大事，但是一件一件細小的事，最後聚沙成塔，導致我們的關係到了無可挽回的地步。

就像我就不懂，擠牙膏這件事為什麼會讓有些夫妻鬧到離婚：有些人擠牙膏時要從底部開始往上擠，覺得是為了方便下一個用牙膏的人；但是另外一個人也許很隨意，每次用的時候就從上面開始擠。於是習慣從下面擠牙膏的人就想：我每天都要從下面擠，方便你使用，你為什麼從來就不替我想一下？這樣一想，問題就延伸到很多別的方面了，矛盾就擴大了。

我覺得這個問題可以很好地解決：一人一條牙膏不就好了嘛，你按照你的方式擠，他按照他的方式擠，這有什麼大不了，需要離婚嗎？

其實在婚姻當中，導致雙方不歡而散的，大部分都是小事，只要有一定的覺知和智慧，都能夠解決。有些人不見得有很棒的覺知和智慧，可是他們能「忍」。君不見，多少後來幸福美滿的婚姻，都是雙方「忍」出來的。尊重彼此的界限，尊重彼此的生活習慣和每一個人性格的差異，就能夠化險為夷，度過難關。

而我也看到在很多親密關係裡面，雙方由於過於親密，糾纏太深，以至於一起出去吃東西的時候，對方點什麼菜都要受到干涉，這真的是侵犯界限太過了。

最好就是，對方原來是什麼樣子，就讓他是什麼樣子，除非他自己願意改變。而跟你在一起的時候，你倆重疊的這個時間點，彼此都是開心的就好了。這種尊重對方原有生活方式的相處，才是長長久久的保證。

有拯救者情結的女人會遇到什麼樣的男人？

我看過一本書，叫作《愛得太多的女人》，裡面講到愛得太多的女人的一些特徵，我覺得跟自己非常相符：在親密關係裡，老覺得自己可以拯救對方，覺得對方這一生的潛能沒有發揮出來，沒有好好地被愛過，也沒有好好地被對待過，所以我會傾注全部心力去為他付出、去愛他、拯救他，為他帶來更好的生活，激發他所有的潛能。

如我這般看起來好像比較有資源和能力的女人，總有些自以為是，覺得可以成為對方生命中一個很大的加分項。

事實上，有這種拯救者情結認知模式的女人，通常就會碰到一個比較會吸取她能量的男人。這樣的男人有一個共同特徵：他可能會在某方面有癮，如酒癮或是毒癮之類，又或是他容易沉浸在負面情緒裡……總的來說，他一定有一些無法自拔的不良習慣，等待著被拯救。

這樣的男人習慣負向思考，然後又比較自卑，內耗得非常厲害，並且還喜歡

自己跟自己過不去。這樣的男人一旦碰上一個願意當拯救者的女人，他肯定還會進一步縱容自己變成一個更無力的受害者，然後兩個人就會形成一種共依存關係。比如說，我們常常看到有些有酒癮的人，身邊總會有一個不離不棄的女人；而且那個女人還總覺得這個酒鬼沒有她就不能活，她可以改變這個酒鬼的人生。她從這個酒鬼身上汲取了存在感和重要性，與對方在一起是各取所需。發展到後來，兩人就會形成長期的共依存關係。

《愛得太多的女人》這本書裡講，如果一個人和你在一起之前就處於抑鬱中，那麼和你在一起之後，他就算能暫時從抑鬱中走出來，但因為成年人的生命模式和軌跡都已經固定成型了，雖然你的出現表面上好像是給他的生命帶來了陽光，讓他的生命有了轉機，但沒多久，他又會重新在你的身上找到抑鬱的理由，於是他又會再度抑鬱。

也就是說，如果他當初的抑鬱是由別的原因造成的，那麼以後他也會因為你的某種言行，又開始陷入抑鬱這種類似於上癮的行為中。其實，酒癮、毒癮的難以戒斷都是同樣的道理。

在親密關係裡，愛得太多的女人往往都會陷入一種行為模式：不斷地去付出，想要拯救對方，覺得自己可以為對方的生命帶來不一樣的轉變，到最後把自己弄得筋疲力竭，才發現對方竟然還是不能改變，然後就想要打退堂鼓了。但兩人共依存的關係已成型，拯救者情結會讓女人一次又一次地抱有希望，重新投入，最終成為一個惡性循環。

我發現，真的是有很多女人，包括我，愛得實在太多、付出得也太多，實際上就是藉由付出愛來換取自己的存在感。

愛一個人很深，其實與對方無關

屢次在親密關係中受挫之後，我現在知道，愛一個人那麼深，其實背後都是有一些原因的。那些原因出於自己，與對方無關。

就像我，為什麼在親密關係中會愛得那麼深？這源於我小時候一直想拯救我的母親：小時候看到母親過得很悲苦，我就想盡我一切的能力去拯救她——書讀得很好，成績考得很好，盡量在參加的所有競賽中都拿第一名……

我不斷地想通過這種方式去討好母親，做一個乖小孩讓她快樂，可是，母親始終沒能快樂。隨著我慢慢長大，離開家庭，這個任務仍然沒有完成。可是，驅使我去完成這個任務的能量、動力還在，所以我會不自覺地想找一個如我母親一樣的人去拯救他。然而這種拯救任務注定是要失敗的，拯救不成，就會把自己變成受害者：我付出了那麼多，對方怎能這樣傷害我？成為受害者後，我又會轉而去迫害那個所謂害我的人，然後兩個人的關係就開始惡化，並形成惡性循環，最後就相處不下去了。

《愛得太多的女人》中說：「有拯救者情結的人容易被那些需要關愛的人吸引，對他們的痛苦感同身受，並且熱中於尋求緩解他們的痛苦的方法，以此來使自己的痛苦減輕。如果我們明白自己之所以被這樣的人吸引，根本原因是自己希望得到愛和幫助，那也就不難理解，為什麼最吸引我們的是那些最需要關愛的男人了。因為這種有拯救者情結的人，一直都無法把自己的父親或母親變成自己所渴望的、關愛自己的人，於是就會對自己很熟悉的那種不付出感情的男人，在內心深處作出回應，因為他能讓你一償當年無法通過自己的愛來改變父母的夙願。所以長大後，表現出來的就是想要通過自己的愛和付出來改變一個男人的執念。」

我覺得這也算是一種上癮症吧，比較病態的一種。

如果我們能夠帶著覺知，知道自己是這種具有拯救者情結的人，清楚又小心地走入一段關係，那麼可能還是有轉機的。而在關係中，當你拯救者情結「發作」的時候，一定要能夠適時阻止自己，提醒自己「愛到極致是放手」，隨他去吧！

如何愛自己？

我們每個人都知道要愛自己，那究竟該如何愛自己呢？真正愛自己的方法是什麼呢？我把它很具體地分為三個層面：

1. 和自己的思想相處。
2. 和自己的情緒相處。
3. 和自己的身體有所聯結，愛自己的身體。

這三點沒有先後順序，都是非常重要的。

❖傾聽身體的聲音

在這三項當中，最好操作的就是關愛自己的身體。我們跟自己的身體到底有多少聯結，你的身體每天有沒有在動，你吃的東西是否健康，吃得多還是少，你的身體得到了多少鍛鍊，多少休息，你每天有沒有聽自己的身體在和你說些什麼，我覺得這些都是非常重要的。

我們真的要學會傾聽自己身體的聲音，我看過一些習慣吃水果的人，幾乎可以長命百歲。我有個朋友的爺爺就喜歡吃水果，現在一百歲了，還可以走路，頭腦也還算清楚。但是水果對於有些人的體質來說就過於寒涼，比如中醫就叫我不要吃水果，我也覺得自己不適合吃太涼的水果。

跟自己的身體聯結、真正愛自己的一個方式，就是在你的生活中每時每刻，能夠去感受一下你的身體是什麼樣的狀態，這很重要。如果你能夠隨時隨地感受自己的身體，感受身體的振動頻率，那就說明你是和自己有所聯結的，你跟自己的內在也是有所聯結的。

我們常說要活在當下，其實和自己的身體聯結就是活在當下。你此刻就可以試試看，當你閉上眼睛的時候，能不能感受到自己的左腳在哪裡？它此刻的感受又是什麼？這就是回到自己內在的一種方式。

我們經常說愛別人之前要先愛自己，可是如果你不能回到自己的內心，不能跟自己的身體聯結，總是希望得到他人的讚賞，把眼光投向外，去要、去索取，你就得看別人的臉色過日子，無法歸於自己的中心。

呵護內在的情緒

第二個愛自己的層面是關於我們的情緒，情緒就像一個小孩子一樣，需要我們的認可與面對。

情緒需要我們去看到它，承認此刻我的情緒很沮喪，當下的我覺得很愧疚，現在的我覺得很自責。

根據能量定律，情緒會來，它也會走，所有的東西都是來來去去的。比如，五年前非常困擾你的事情，現在還會困擾你嗎？人生有很多事都是在不斷變化的，但是我們人都有一個很重要的特性，也是讓我們受苦的特性——「趨樂避苦」。每個人都想要快樂，每個人都不想要痛苦，所以一碰到痛苦，就像手碰到火一樣，「哇」地跳起來，大喊救命，說自己一定要快樂，自己不能待在痛苦的狀態底下等等。

有時候，我們需要體驗痛苦這種狀態，允許自己在這樣的狀態當中，帶著一顆謙卑臣服的心，不用任何花招和取巧的方式去面對情緒，就在這個情緒之中去接受它，試試看，你的感受會不會改變。

愛自己其實就是一種把正向能量倒回自己身上的做法。你越是抗拒和排斥某一種能量，那種能量就會因為你施加的力量，變得更加強大和頑固。面對這些情緒時，我們要學會能夠和它安然相處，那就是接納它，允許它燃燒我們。

我們真的不能太忽視自己的情緒，我們要去包容我們的情緒，就像包容我們愛的人一樣。如果我們不包容它，就很有可能會被情緒影響，從而做出一些不理性的事情。

愛自己不是拒絕別人的所有要求，不是不去感受任何情緒。愛自己是為自己劃好界限，不讓別人侵犯，與此同時，我願意和自己內在不舒服的感覺在一起，把這種情緒當作自己的孩子一樣去接納和包容。當你學會和自己不喜歡的情緒相處之後，你的人生會更加自在，更容易做一個快樂、自信的人，這才是真正地愛自己。

覺察自己的思維模式

還有一個愛自己的方式，就是去覺察自己的思維。當你能夠回到自己的身體之後，當不好的情緒來臨之時，你要學會退後一步，去檢視這個情緒和思想。因為我們從小到大形成的情緒模式，會不由自主地把別人的行為和一些事情，用自己的思維模式去詮釋。而這種詮釋，只會帶來更多我們不喜歡的負面情緒。

比方說，一個人是怕打擾你而不來找你，可是你可能會詮釋為「他不想念我，他不在乎我，所以他不來看我」。很多時候，我們的思維模式會給自己找麻煩，什麼時候你可以清楚地看出自己思維模式的謬誤時，才有能力去改變。

我們的情緒就像調頻電臺，為什麼有時候怎樣調都調不過來呢？其實是受制於我們的想法。我們大腦裡的思想每天都非常密切地在影響我們，它也在掌控我們的喜怒哀樂。一件事情你怎麼想，決定了你怎樣去看待它，也決定了你接下來的情緒反應。這些都是發生在電光石火的一瞬間，所以我們很少有能力去檢視自己的思想。

當你陷入負面情緒時，你就知道你的腦袋裡面一定有一些負面而且錯誤的思想在影響著你，讓你不能快樂。

比方說，我有一次到日本的屋久島去爬山，因為天氣原因，飛機無法直接降落，就降落在鹿兒島，我們必須換乘大巴去港口坐船。當天海上風浪很大，同行的一個女孩暈船吐得很厲害。

好不容易上岸了，我心想：這個時候我早就應該在酒店裡泡溫泉了，可是現在才到，真是折騰啊！當然，這麼想的結果就是非常鬱悶。可是那個暈船的女孩卻說了一句話，讓我永生難忘，她說：「這趟旅程好值得啊，我買了一張飛機票，不但坐了飛機，又坐了大巴，還搭了船，真的好值得啊！」我不禁佩服她正面思考的能力，正向情緒也被她帶回來了。

很多事情，只要我們能夠扭轉自己的想法，去做一個正面的思考，那朵烏雲就會鑲上了金邊，事情自然就會往好的方向發展。

Chapter

5

愛的技巧

把一切交給時間去決定

❖不要在爭執最激烈的時候作任何決定

在生活中，我常常看到有很多人的親密關係貌似維持不下去了，可是只要雙方能夠停止鬥爭，各自返回自己的老巢去休養生息，這樣拉開一點距離，留給彼此一段時間，過後慢慢回頭再去看，會有不一樣的眼光和感受。

我有一位朋友，她的親密關係已經破裂到無法修補了，而且雙方還各自有了外遇。然而即使這樣，後來大家還是看到他們在微博上曬恩愛。他們是怎麼做到這一點的呢？我覺得就是時間。

婚姻中出了問題，暫時先不要去處理它，不要在情緒刺激下作任何決定，比如一方說要離婚，那另外一方就暫時不要答應，先放著，等待時間讓事情慢慢演變。

我還有一位朋友，她的先生不怎麼負責任，每天都玩到深更半夜才回來，對她也不是很好。大家都知道他花名在外，但她沒管。後來，這位朋友碰到一個很好的男人開始追求她，慢慢地這兩個人就在一起了。但這位朋友有小孩，婚姻之所以維持也就是因為有孩子。雖然追求她的那個男人對她很好，一直要求她離婚，但朋友當時考慮到孩子才幾歲，所以一直猶豫著作不了決定。慢慢地，她覺得這個男的給她帶來很多壓力——因為他一直催著她離婚。她就想：如果離了婚跟這個男的在一起，自己的生活會不會比現在更快樂？隨著時間的演變，她看到了後來的結果不會有什麼不同，因此決定回到自己的婚姻中去，而她老公也接納了她，於是兩個人就又和好了。

我覺得就是時間的問題。當然，他們也可能開誠佈公、推心置腹地談了很多次。

像這樣的例子有好幾個，也是丈夫、妻子各自都有外遇，然後兩個人為了孩子又回頭在一起。當妻子生病了，丈夫去照顧她；丈夫生病了，妻子也去照顧他。最後雙方發現，還是這種結髮夫妻的感情，能一起相互扶持著走過來。

所以我覺得在親密關係中，任何一方不要在爭執最激烈的時候作任何決定，說任何狠話、氣話，而是要能夠冷靜下來，給時間一點時間，讓時間給自己一個結果。

但是，話又說回來，有些親密關係真的不行了，那人可能跟你的緣分就是這樣了。他堅決要離婚，你給了他一點時間之後，他還是要離，而你心裡可能也覺得一個人過會更快樂一點，那就乾脆放手好了。在這種情況下，我覺得放手以後還是能夠從這段破裂的關係當中學習和成長，讓自己的心更寬，看世界的眼光更廣闊、更有包容心、更加謙卑、更加感恩。

如果覺得還想要一段親密關係，那樣能讓自己變得更好的話，那這個親密關係會在適當的時候來臨，可能會帶給你更好的體驗。到時候你會發覺：當時怎麼那麼傻，死抓著那個男人不放？其實現在這個好多了。這種情況不是沒有，重要的是自己跌倒了、受苦了、受傷了以後，一定要從中學習和成長，這樣我們所受的苦、所受的傷才是值得的。

當關係處於低谷時，給自己、也給對方一段時間

在親密關係中，通往地獄的道路是由期待鋪成的。

期待就是我們抱著希望對方能夠滿足我們兒時從父母那裡沒能得到的那種關愛、關注、貼心等等。在親密關係裡，抱有這種念頭對對方是非常不公平的。我們不能因為自己從小缺乏這些，就要對方來彌補——如果帶著這種期待走進親密

關係裡，那是注定要走入岔路的。

以前，我不能夠容忍一段親密關係中的任何瑕疵，我會覺得這樣的關係，繼續走下去是在浪費自己的時間。後來經過很多事情以後，我的想法改變了。我認為，如果真心愛一個人的話，應該要多給對方一些時間和空間，等一等，看一看，不要輕言別離。

現在有很多讀者寫信問我：「我老公有外遇，跟我提離婚，我該不該離婚呀……」我都會告訴她們說：「如果你想要挽留這個婚姻的話，就不要哭，不要鬧——就算要哭和鬧，也是自己一個人鬧，不要讓對方知道。然後跟對方說，給你一年的時間，或是給你一段時間。不要立刻答應和他離婚，也不要為了報復什麼的去離婚。先安靜下來，該幹啥就幹啥，用這個機會來看自己，讓自己成長，也讓對方能夠有一點時間去緩衝一下。」

有時候，男人就是在婚姻裡過慣過煩了，突然有個外遇的刺激，讓他有極大的新鮮感，加上男人通常耳根軟，有時候第三者給他壓力，就會忍不住提出離婚。

其實，離婚對於一個男人來講，他的社會成本、情感成本、面子成本等各方面的付出都是非常大的。所以通常情況下，要一個男人堅決地離婚其實是很不容易的。這時候，我覺得女人可以稍微緩一緩，讓這個男人能夠沉澱下來，想清楚這個婚姻到底是不是他想要的。因為我覺得最終——尤其是有孩子的夫妻能相扶到老，還是一件很美的事情。

我以前覺得婚姻不能有瑕疵，如果雙方都有外遇了，這個婚姻怎麼可能維持到老呢？怎麼可能面對彼此呢？這可能是我比較天真的一個想法。

現在我看到這麼多夫妻，經歷過那麼多的波折，可是最終還是能夠攜手到老，我就覺得能走到一起是值得珍惜的，也是值得鼓勵的。

當親密關係處於低谷時，給自己、也給對方一段時間吧！因為時間是一個很好的檢驗真理和對錯的標準。

現在，當我自己回想以前的親密關係為什麼會遭受挫敗時，我發現是自己不夠包容，這也是我現在必須要學會和修行的。

我自己因為親密關係屢屢不順，就去觀察周圍朋友們的親密關係，我覺得他們給我最大的感覺就是：與他們相比，我的包容度不夠。其實在親密關係處於低潮時，我應該學會等待。因為我看到很多夫妻，他們一路走來真的不容易，吵呀、打呀，各種狀況——甚至雙方還各自有外遇，外人看得瞠目結舌，都覺得他們應該是走不下去了。可是過幾年再一看，他們居然又和好了，也就這麼挺過來了。

有個我以前的同事，講到他那亂成一團的婚姻關係時，看起來簡直是一天都走不下去了。可是孩子大了以後去美國上學了，又看他在臉書上曬全家福，在朋友圈曬恩愛之類的，我就覺得好像沒有婚姻和親密關係是不曾經歷過這些暴風雨的，一下子就釋懷了。

要遠離那些「對外人好，對家人差」的人

我曾經在微博上發了這樣一段話，引起了很多迴響：

越是要面子、喜歡討好外人、獲得認同的人，對自己親密的人越不好。因為能量都用到外面去了，面對親人只好放鬆，把負面性、不耐煩等統統透透地展現。

那麼多人回應，可能很多人都是「受害者」吧！

我就看過一個很奇怪的朋友，在餐桌上和他的父母、公司員工以及一個臨時請的司機一起吃飯。他點了一堆菜後，他父親輕聲說想吃什麼，他立刻厲聲地臭罵父親說：「點那麼多，等一下吃不完你們又囉囉唆唆的，幹什麼？」當時我也在場，看到他父親臉色一沉，不再說話。吃得差不多時，臨時司機要下桌（可能去抽菸），他立刻柔聲熱情地說：「吃飽沒？不要客氣啊！」

我看了，差點要暈倒。

後來，我問這個朋友：「你為什麼對自己的生父如此嚴厲、不給面子，對外

人卻如此好？」

他愣了一下，回過神來說：「每次點菜吃不完，他們（父母）就會逼我們吃掉，說不可以浪費，我的員工會有壓力。」

我說：「你的員工是年輕人，受點壓力多吃一點有什麼關係？何況老人家不想浪費，但是也沒有強迫你要怎麼樣，你不吃就好。為什麼你不希望自己的員工受到壓力，卻讓自己的父親受氣、難堪？」

他無語，只能說他是個沒有意識、沒有覺知的人。這種人，你在他身邊就是很辛苦的，只能和他保持距離。否則，他永遠都會把最惡劣的那一面拿來對付自己最親近的人。

對於那些對親人、愛人特別壞，而對外人特別好的人，我們能做的只是在心理上拉開距離。如果是朋友，離遠一點；如果是家人，也離遠一點；如果是配偶，心理上一定要獨立自主，也離遠一點。當你沒有對方也能生活得很好的時候（對父母、子女、配偶都一樣），你就會獲得對方的尊重。更重要的是不需要對方的讚賞、認同，甚至愛，那你就是最強大的人。最強大的人會獲得尊重，他也就把你當「外人」了。所以，立足於自己的中心點非常重要。

靈魂伴侶，越完美越危險

❖「靈魂伴侶」一點都不浪漫

我也曾經很喜歡「靈魂伴侶」這個概念，因為這是很浪漫的：你在等待有人到來，然後神奇般地完善你。或者你覺得有人和你完全相配，當你們在一起時，就會永遠幸福快樂地生活下去。「靈魂伴侶」這個概念，其實很危險，就和結婚的概念一樣危險。你以為婚姻就是兩個人交換戒指，到死才分開，一起解決問題，生兒育女，你不用改變自己，各自按各自的生活方式生活。

對我來說，婚姻不是這樣的，婚姻是修行的最佳場所，是顯示未知的自己，然後回歸真正的自己的最好方法。之後你會走出自己的舒適區，著手改造自己。

在大部分關係中，人們會越來越陷入舒適區，即使待在舒適區裡會讓自己感覺不舒服，他們也懶得做出改變。特別是那些將伴侶視為自己一切的夫妻，因為你是我的，我就可以按自己的方式做事，反正你不會離開我。因此我就是我，要占主導地位，不尊重你。許多人都這樣，他們很強勢，自以為正確，在精神上虐待伴侶。他們將伴侶視為理所當然，以為婚姻會天長地久，以為伴侶不會離開自己。

但對我來說，親密關係是非常困難的修行課題，因為我必須面對自己，面對許多挑戰。我知道自己不完美，而親密關係會暴露我的不完美。我必須努力，不然我們在一起就不會快樂，這段親密關係也不會公平美好。因此，我必須著手改造自己，面對自孩童以來沒有解決的問題，改變自己的負面信念和思維模式。我需要做許多事來改變自己，這樣才能擁有一段美好的關係。

一段安全穩定的親密關係能給你帶來安全感和穩定感，但不能幫助你成長。當外遇或是其他危機、衝突發生時，就是個讓你成長的好機會。

❖ 不要相信所謂的靈魂伴侶

沒有人是為你而造、等著你、完成你、讓你永遠快樂的。這是個童話，我們喜歡童話，想讓生活中發生一些神奇的事情，讓我們的生命圓滿，永遠快樂。有可能即使找到在身體、思想上和你相配的人，你也要在自身上努力，你也要改變，因為還有功課等著你學習。

在沒有伴侶的情況下，如果你感到不快樂，你先要在自身上努力；否則即便有了伴侶，伴侶也不會讓你快樂。因此，在你的伴侶出現以前，你就要在自身上努力，讓自己快樂。有時候，我們會希望遇到一個有致命吸引力的人，能讓你一見鍾情並相愛，但這是最危險的情況。根據我所學到的功課，這意味著你有許多功課要做。對方越迷人，他帶給你的功課就越多。

我們稱這種伴侶為業侶（Kamic Partner），因為你倆之間還有沒完結的業，你要和他一起處理大問題，經歷親密關係，在這一世裡完結這段業。業侶的另一個說法就是薩滿愛人（巫士情人，shaman lover），他的任務就是治癒你。但為了治癒你，你需要經歷很多困難，之後才會被治癒。這就是薩滿愛人，讓你受更多苦，帶給你更多功課。

願天下癡情男女都能學會自己人生的功課，找到真愛。不要相信所謂的靈魂伴侶、雙生火焰，好像有一個人出現會拯救你於孤單無依之中，這是童話故事，不是真相。即使有這樣一個人，他也是來考驗你，教你人生功課的。只有先做好這樣的思想準備，等到那個人出現的時候，才不會讓你大失所望。

不要對人過度付出

最近我有一個感悟：不要對人過度付出。

如果你像我一樣付出成性，付出就快樂，那你也要像我一樣，學習如何付出而不求回報（很艱難的功課，我還在學習當中）。尤其是你付出的對象，把感激只放在心裡，而在行為言語上該怎麼樣還是怎麼樣的時候，不要覺得難過，或是後悔自己的付出。宇宙有一本公平的帳，你得到多少，付出多少，是公平的。但是如果你的付出後面是帶著鉤子（希望對方怎麼樣或是表示感激），那麼對方可能不會真正感激，這筆帳也無法為你加分。

所以，如果你是屬於付出的一方，記得不要把自己的付出掛在嘴上，動輒用來「綁架」對方，讓自己成為一個受害者。你不要認為自己為別人付出了很多，他們就會因為你的付出、得到的好處而改變自己的習性，或是為了你做出什麼改變。他們忠於自己那機械性的習性，該生氣就生氣，該背叛就背叛，不會因為你的付出而有所改變。

我有一個女性朋友，愛上一個有婦之夫，對方一直離不了婚，她還硬是破壞了自己原來美滿幸福的家庭，讓男人心理上沒有「陰影」。對方事業不順，她傾全力幫助他，包括資金供給。她對他無微不至地照顧，生活上從頭到腳為他打理一切，只要他有任何不順遂之處，她就以自己三頭六臂的工夫為他擺平。

男人後來事業失敗，自覺羞愧，對她開始冷言冷語，心理上逐漸疏離。女人恐慌，還是不顧一切地想抓住他，越是這樣，兩人關係越加不好。最後女人再也無法忍受了，就像在股市裡面買了一檔股票，一賠再賠，最後只能認賠走人。

男人受了女人那麼多的好處和照顧，但他還是過不了自己那一關。該傷害女人的時候（雖然不是故意的），不會因為感激就改變自己的習性，從而珍惜這份得來不易的感情。對於女人的付出和犧牲，他只能選擇不去看，去遺忘，免得自己過於羞愧而無法正常生活。

對於這個朋友，我只能說，你為一個男人付出這麼多，後面一定是有目的的。也許是業力（欠他的），也許是你雖然生活順利、豐足，但卻無法掩蓋內心那個無法言喻的大黑洞。這個男人的出現，讓你像嗑藥一樣上癮，掩飾自己內在的不安，用他來刷自己的存在感，而無法面對自己一個人時的空虛、無助、無意義和無存在感。要知道，沒有人逼你付出，是你自己心甘情願的。對方沒有回應，或不知好歹、恩將仇報，都是對方應該有的正常權益。我們必須看到自己付出背後的真相，並且願意去承擔。

把自己想要的說出來

✣真正想要某樣東西的人，沒有要不到的

我喜歡觀察人，窺探人性。我常常可以看到很多不同的現象，瞭解人與人之間的差異。於是更加確信，我們的人生，就是自己的信念創造出來的。我觀察到，那些真正想要某樣東西的人，沒有要不到的。關鍵就在於你是否真心想要，同時敢不敢要。

我最近發現，的確是有好多人不敢去要東西的。當然，我也見過那種極為饑渴，小時候奶喝得不夠，到處見了人就討奶吃的人。一般來說，敢要的人，幾乎一律都比不敢要的人過得好。那些非常敢要的人，雖然會讓你敬而遠之，可是他們的生活通常都過得不錯，也很有動力。

我就是一個比較敢要，也比較能接受別人付出的人。雖然一方面我自己非常大方，可是我也很享受別人對我的付出。但是我觀察到，很多人無法接受別人的

好意、付出、饋贈，因為內心有非常嚴重的「不配得」情結。

有一次，在一個呼吸工作坊，我和一位漂亮妹妹一起做個案。當我溫柔地給她撫摸、按摩的時候，她完全無法信任、放鬆。而當我移動她的腳的時候，她會自己出力，好像不好意思把腳交給我。

個案完畢，我跟她說，你太難接受別人的付出了，你一定要放鬆，心安理得地去接受，否則自己很委屈，而且一再付出，負面情緒也會累積，對身體不好，對關係更不好。

她很驚訝，我怎麼會從短暫的身體接觸就碰到了她的罩門？其實這是非常明顯的，她身上還帶著愧對父母的印痕。我可以理解，她小的時候父母一定常常用「羞愧感」來操控她，或是讓她承擔不屬於她年齡的責任（比方說，為一方父母的痛苦、煩惱負責）。像這樣的孩子，怎麼可能好好享受她的人生，並且獲得幸福呢？

除了上面這個例子之外，我們普遍不敢去要東西的原因是因為，當我們小時候非常脆弱無助的時候，我們向大人求救，希望獲得幫助，可是他們也許太忙了，無暇顧及我們，讓我們一再失望。長久累積下來，我們會在自己小小心靈中作了一個宣判和決定：一定是你不夠好、你不配得，所以要了半天都沒有。以後你就知道了，好東西和好事兒都沒你的份兒，哪邊涼快哪邊去，別再要東西了。

因為不敢要，所以對方不知道

這個小時候的決定，影響了我們的一生。根據我自己的經驗，那些敢於夢想，敢於說出自己想要的東西的人，幾乎沒有不成功的。然而，為什麼有些人看起來也非常勤奮、努力，但是卻屢屢失敗呢？

這其中的差別就在於：後者的內在是不可靠的、匱乏的，他其實不相信自己的能力，也不相信自己會成功，但就是因為太自卑、太想要用成功來證明自己，所以非常努力。然而這種努力是沒有底氣的，因為內心深處的動力是想要證明自己不是一個失敗者。如果這種人的座右銘改成「我是一個成功者」，而不是「我不是一個失敗者」，那麼他離成功就不遠了。

這兩種動力是差很多的：

我不是一個失敗者，我要證明給「你」看。這個「你」，通常是父母，長大以後就變成了所有人。他在意別人的眼光，隨別人的評判起舞，沒有自己的中心思想。

而我是一個成功者，這是一種非常正向的信念。因為一旦你相信自己會成功，你的所作所為、所思所想，都會圍繞這個信念打轉。你使出的每一分力氣，都會把你向上拉提，而不是往下扯。

所以，如果你覺得生命當中欠缺了什麼，可能就是因為你不相信你配得，或是能夠擁有。

要如何轉化自己這個信念呢？

其實，一開始你也許無法說服自己，你是配得的。你也無法用一個念頭就讓自己相信，你是可以擁有想要的幸福的。所以，最簡單的捷徑就是去要，厚臉皮地去要。跟誰要呢？跟最高力量。

可能很多人無法相信最高力量的存在，其實也不需要去相信。但是無可否認的是，每天我們生活、工作、呼吸之間，小至我們個人，大至天體星球的移動，沒有一件事情不是在最高力量的運作之中的。如果沒有一個最高力量，我們是如何從眾多的精子當中脫穎而出，進入母親的卵子後形成合子？如果沒有一個最高力量，為什麼那麼多彗星沒有撞到地球，地球能持續不墜？我們人能決定什麼呢？我們連明天早上是否下得了床都無法決定，我們以為自己有什麼權力呢？

所以，如果你帶著這份真誠的臣服和相信，然後理直氣壯地去向把你帶到這個世界上的那股力量祈禱，告訴他：既然把你帶來，就得管好你的事。把你的願望告訴他，把你的夢想告訴他。其實這也是他把你帶到這個地球上來的目的——好好地體驗人生。你有權利要求更改你的信念——畢竟那些信念本來就不是你的，如果不合適，絕對可以要求更改。大膽地去要吧！

當然，我們也要練習在生活中把自己想要的說出來，不要不好意思，不要害羞，就是練習硬著頭皮說出自己的需要，看看別人如何回應你——尤其是那些親密的人。也許你的生命從此就有了轉機。因為很多人不敢要，所以對方不知道。累積久了就有怨氣，在關係中造成傷害。所以，我建議，用適當的方式適時說出自己的需要，對所有關係都是非常健康的。

可以被寵，但別讓自己被寵壞

❖親密關係中被寵愛的一方，容易退化成孩童模式

她和他認識十幾年了。初相逢的時候，男的有女友，女的有男友，雖然彼此感覺很好，但就是沒有緣分在一起。多年以後，他們又在北京重逢，這次男未婚、女未嫁，都是自由身，就順理成章在一起了。男的年紀比較大，經濟條件也比較好，非常寵愛女方。為了她，他放棄了多年腳踏幾條船的壞習慣——同時和幾個女性維持隨意的肉體關係。為了她，他終於動心想要結婚、甚至生孩子了。她享受他的寵愛，辭掉了工作，在家裡和他一起過小日子。

原本應該順利發展下去的關係，卻隨著時間的推移發生了變化。她日日無事，開始沉迷於電玩，通宵熬夜地掛在網上。男的要上班，無法陪她熬，只有每夜孤枕入眠。女孩心高氣傲，說話常常不留情面，讓男人的自尊招架不住，兩個人開始不斷地小吵、大吵。

有一次，男的約了一位女性朋友（可能是以前有過曖昧關係的）談事情，耽擱了和女孩約會的時間，遲到了。女孩特別生氣，拂袖而去。找到她的時候，人已經跑到成都找朋友去了。

男人對她的行為非常不能諒解，何況又是處在他公司要轉型、最為關鍵的時刻。女孩和他「鬧」，男人最禁不起「鬧」，鬧就會讓他煩，一煩就會想：不如結束這段關係，但內心又捨不得。由於交往幾年爭吵不斷，男人當初想要結婚生子的熱情受到了打擊，遲遲不肯迎娶女孩進門。女孩沒有「歸屬感」，於是求助於網路上的朋友。在虛擬的世界裡，我們很容易就可以找到現實世界裡面少有的：有耐心的、很有愛的、無條件付出和支持的一堆朋友。女孩沉溺在這樣的世界中不可自拔。男人一開始不能接受，但是也能理解女孩的生活沒有重心，需要朋友，畢竟玩玩遊戲還是比較安全的，於是勉強接納了女孩的行為。但是為了這件事情，兩個人多次爭吵，早已埋下問題的種子。

這次的吵架出走，一開始男人狂打電話，女孩都不接，最後好不容易找到了，男人問女孩：「為什麼要這個樣子？」女孩說：「我不高興。」二話不說就掛電話，讓男人非常受挫，道歉都挽不回她。

女孩的行為，其實是一種「退化性」的表現——在親密關係中，比較被寵愛的那一方，通常會無意識地退化到孩童的行為模式，不自覺地把對方看成是自己的父母。更嚴重的是，還會不知不覺地把對父母的仇恨（歷年來累積的！）都放到對方身上，要對方買單。

在親密關係中，永遠不要吃定對方

女孩很顯然在「鬧脾氣」，男人光是道歉都不足以消除她的心頭之恨，可見她很難成熟的去承擔一些自己的負面情緒。一件這樣的小事，會讓女孩勾起從小到大父母讓她失望的種種仇恨。所以，她的行為舉止和發生的事其實並沒有太大的關係——而是她被驕縱之後變得任性、不講理，退化成孩子的模式，只是自己沒有覺察到。

其實一旦有所覺知，她應該就能理性一點、退後一步去看整個情勢：自己年紀也不小了，靠著長得年輕漂亮，也許還能找到對象。但是，像男人這樣條件好、人品好，又真心愛她而她也愛的，也不是很容易找到。在親密關係裡，最怕的就是「不珍惜」、「理直氣壯地任性、撒潑、使小性子」。

男人要做的就是面對自己被女孩勾起的傷痛，並且願意用最成熟的方式和她

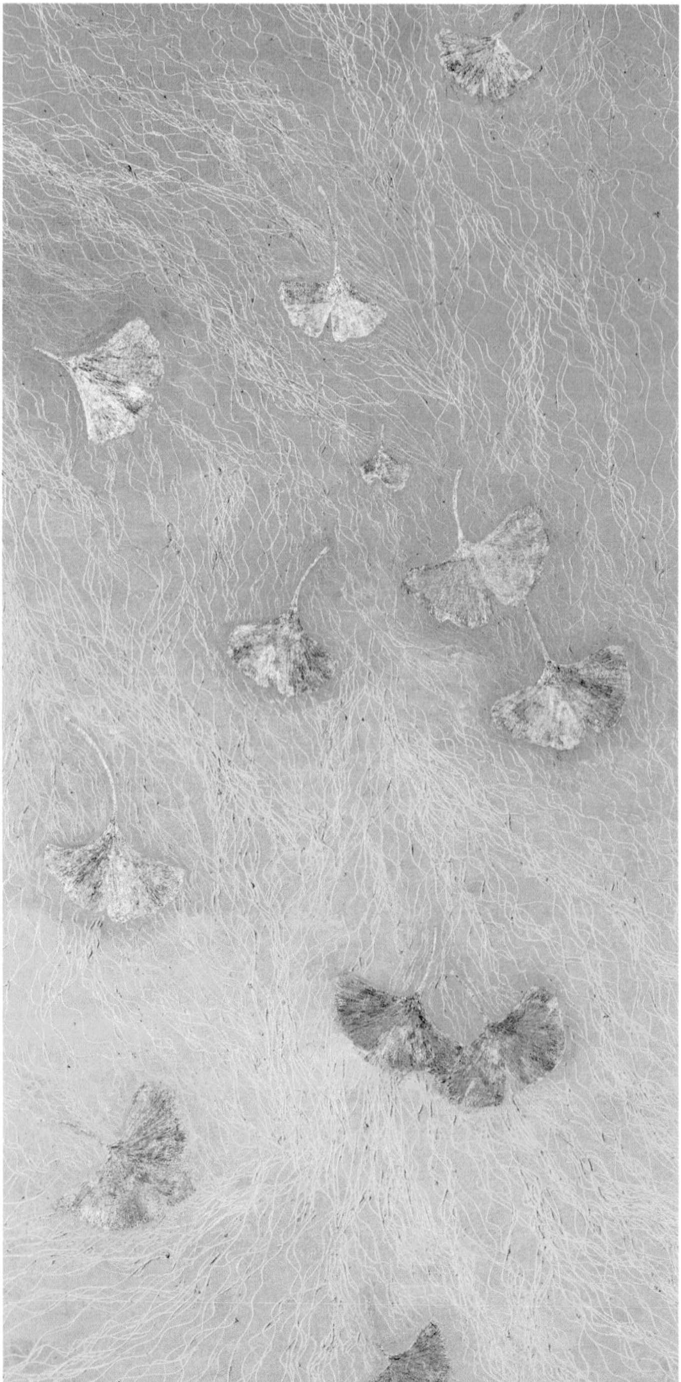

好好談一談。與此同時，男人其實也要做好「分手」的準備。因為親密關係走到這個地步，除非女孩能有覺知，願意看到自己的任性驕縱而收收自己的性子，並且珍惜這份來之不易的感情。否則繼續下去，她只會越來越偏頗、任性。

在親密關係中，永遠不要吃定對方，以為對方愛你就可以讓自己退化成孩童模式，任性而不負責任。被迫扮演父母角色的那一方，也要承認自己的錯誤（過度遷就、忍讓或付出），做好斬斷情絲的準備。但是通常付出比較多的一方，會不甘心自己的投入和犧牲竟然沒有取得成果，所以會猶豫不決並且狠不下心，這樣其實會讓對方更加不知進退和珍惜。有時候，情場如「股市」，認賠走人的時刻，還是要有「壯士斷腕」的決心。

而對女孩來說，也許有一天真的失去了這段關係，她再去看看、試試別的男人，才會知道自己失去了什麼。那個時候，希望她回頭還來得及。

總而言之，在親密關係中，雙方一定都要為自己的負面情緒負責，並且願意真誠、開放地和對方溝通自己的感受，而不是一味地責怪、埋怨，或是用退化性的行為來破壞雙方的關係。

女人，有點骨氣吧！別再逃避自己的痛點！

我認識一位成功人士，他在老家有一位交往多年的女朋友，女人為他在老家照顧父母，有實質貢獻。他一個人在外打拚事業，名聲不小。其實，他們兩個人之間早已沒有愛情，更別說性生活了，但他就是提不起勇氣說分手。他也碰到過自己的真愛，對方為了他也離開了自己的家庭，想和他廝守，但是這個男人就是一直逃避。

真愛女友問他為什麼不能作決定，他說：「對方沒有犯錯，我怎麼要求分手？是你們倆纏著我不放，我就看你們哪一個先走。」

沒有犯錯就不能分手？不知道這是哪一門子的理論。如果這個理論成立，從此以後敢談戀愛的人大概會所剩無幾。親密關係中最重要的是要兩情相悅，雙方在一起都感覺非常舒服，如果有一方不舒服，對方卻不肯放手，那這種愛是多麼的自私、無情。

男人有一次也很感慨地對真愛說：「為什麼我就不能好好地談一場戀愛呢？沒有結婚也像結婚了一樣要偷偷摸摸、良心不安的。」這個問題其實挺愚蠢的。為什麼？這是你自己的選擇啊！是你選擇要做「好人」，犧牲自己真正的快樂幸福，就不要再問為什麼了吧?!

最後，真愛終於走了，留下他和那個沒有感情的老家女朋友，繼續裝作沒事似的分居兩地，偶爾見面。男人繼續交女朋友，因為他條件好，總會有女人不介意做這種隱形小三。但是他永遠不能理直氣壯地面對自己所愛的女人，也不斷地在逃避那個已經無法同處一室的女朋友，繼續耽誤人家的青春。

所以，不要說每個人想要的都是快樂幸福。真相是，每個人都在逃避自己的罩門死穴痛苦。即使那個罩門死穴痛苦已經過時了，不能再為我們效勞了，可是大多數人都選擇逃避它，並為此付出巨大的代價。

我還有一個朋友，她的男友和她交往不到一年就分手了。她非常生氣，因為對方是以發微信的方式，一句「我們分手吧！」就打算這樣潛逃。

當時，我不瞭解她為什麼那麼生氣，一直使出各種報復手段追殺對方，並且憤恨不平，不停地抹黑對方。大家都是成年人了，交往一段時間之後，一方覺得不合適，難道就不能抽身離去嗎？這是什麼道理呢？

後來我才明白，原來是男方分手的方式讓人難以接受。男方沒有勇氣面對面坐下來，告訴她：「我覺得我們真的不合適，所以請你理解，我必須和你分手了。」這話如果說得有底氣，其實是不會那麼傷人的。但就是因為大部分不敢先提出分手的男人都是沒有底氣的，面對女人說這種話，似乎比殺了他們還要令人難以忍受。

走筆至此，我只能說：「女人，有點骨氣吧！誰沒誰不能活呀？分手就分手，自己要活得更加有光彩，才不枉費吃這麼多苦。男人，也有點骨氣吧！不要下意識地把女人當媽，有話不敢說，不能拿出男人範兒來作出決斷——為了自己的幸福，其實也是為了對方的幸福。」

所以，常常問自己，如果我真正想要的是幸福，我會怎麼做？這是確保我們幸福的一個關鍵。

快速走出情感傷痛

德芬導聆

每個人都有過情傷，也都走出過情傷。但是，每次在情傷中時，那種撕心裂肺的痛，讓人喘不過氣來，好像快要死了一樣。其實，沒有情傷是走不過的，時間就是最好的良藥，只是那一時之痛，實在讓人有點難以承受。那麼，有沒有快速走出情傷的奇方妙藥呢？我覺得還是有的，整理出來和大家分享。

❖尋找下一個，沒有人是無可替代的

一般男女情愛的情傷，相較於失去至親的傷痛，其實是比較好走出來的。我年輕時候的療傷方式，就是千篇一律的：找下一個。後來，我有過一次刻骨銘心的情傷，幾乎無法走出，最後悟出來第一個絕招是：放下他。別笑這是爛招，讓我解釋一下。

我們對一個人的執著，其實就是認定了：此生非他不可，別人無法替代。其實，這是一個非常致命的錯誤想法。誰沒誰不能活啊？我已年過半百，實戰經驗豐富，我真的可以清清楚楚、斬釘截鐵地告訴你：沒有人是不可替代的。也許你找不到比他更瞭解你的人，也許你找不到比他更好看的人，也許你找不到比他更有味道的人，也許你找不到比他對你更好的人，也許你找不到比他更忠誠的人，這些都是可能的，但是並不構成你不能失去他的絕對理由。沒有他，你還是可以活得很好。所以，不要讓對於感情的執著綁架你，不要讓錯誤的想法誤導你，影響你真正的幸福快樂。

趕緊學會他要教你的功課

另外，親密伴侶其實都是來教我們功課的，尤其是那種致命吸引力的關係。你明明知道對方不合適，你不應該愛他，可是好像就是無法擺脫這個魔咒。那麼，恭喜你，他就是你最好的上師。

比方說，男人靠不住，就是在教你學會獨立自主；他總是情緒低落，或是不太理會你，就是在教你學會自己在生活中找樂子，不要依賴他；他對你不好，其實就是在教你要學會愛自己、對自己好；他對你指手畫腳、諸多控制，就是在教你要學會尊重自己，為自己劃清界限。

功課都學會了以後，你會發現你慢慢從他身上找回了自己的力量，越來越獨立。這個時候，如果你覺得他還是個不錯的伴侶，那就繼續；如果覺得不合適，那麼就可以非常理智地「放下」他了。所以，第二個絕招就是，趕緊學會他要教你的功課，那麼就很容易放下了。

要有走出情傷的強烈意願

沒有人可以讓你痛那麼久，除非你自己願意。所以，第三個絕招就是，要有走出情傷的強烈意願。

你可以封閉自己的心，讓自己沉溺在情傷當中，再也不談感情或是再也不相信愛情，但那是你自己的損失。外面的世界不會因為你的悲泣而變得更糟糕，但是你的世界卻是自己選擇而來的。天堂和地獄，有時候只是一念之間。

我可以舉兩個失去至親的傷痛的極端例子，來說明你可以如何做出明智的選擇。

我的一個朋友，從小是由外婆帶大的，父母都和她離得遠，不親。但是外婆對她寵愛有加，把她像小公主一樣捧在手裡，然而，被她視為「天」的外婆，在她十八歲那年就過世了。她沒有沉溺在失去依靠的傷痛裡不可自拔，而是變成一個獨立、自主、幹練的女人，用外婆愛她的方式來愛自己（這點非常重要）。雖然我感覺她內在還是住著一個需要愛、需要認同的小女孩，但是她整個人散發出無比自信和強大的氣場，具有非常正向的力量和能量。

另外一位是我認識的藝術家。他去當兵的那天，母親送他去車站，他上車之後，試圖在擁擠的人群中尋找親愛的母親的身影，但卻只看到了母親裙角的一隅和高跟鞋。媽媽回去當天，就突發心臟病過世了。於是他一生都沉溺在失去母親的傷痛中，在親密關係裡不斷重複這個「得不到愛，得到的不愛」的模式，反覆經歷失去所愛的痛苦。我看過他的作品，裡面蘊藏著他心中最大的悲痛，所以是很有感染力的。他的失落和悲戚，也毫不猶豫地刻畫在他的臉上。那種悲痛的程度，讓我覺得就算他母親死而復生，都無法彌補他內心失落的那一塊大黑洞。

我的這兩個朋友，他們遭遇類似，選擇卻不同。說到選擇，其實她並沒有作一個「有意識」的決定：我要從悲痛中走出來，成為一個獨立自主發光閃耀的人。他也沒有作一個「有意識」的決定：我要一生沉浸在失去母親的悲苦中不可自拔。所以，從某一個角度來看，好像這是天注定的。但是我自己的經驗是，一旦你有意識了，比如說，看到這篇文章，你覺得真是太縱容自己沉溺在過去的失落當中了，因而想要走出來，那這就是一個最好的動力，讓你有意願走出來。否則，像上述的他，自顧自地吸吮傷口，從來沒有意識到這個傷口是可以療癒的。

當你有了「走出情傷」的強烈意願時，你會發現生活中會出現很多幫助你的人和事，把焦點多放在他們身上。同時，我也建議多和那些勇敢走出情傷的人聊聊，聽聽他們的經驗和過程，然後告訴自己：他們可以，我也可以。

最後我要說的是，那個人離開了，讓你傷心悲痛的，其實不是他，而是那些心裡積存已久的被遺棄或是不被愛的傷痛。認清這一點，並願意為此負責，就是走出情傷的最佳捷徑，前面三招都沒有這一招厲害。

Part

THREE

親愛的孩子，
快樂是我最想教給你的事

Chapter 6

和這個世界相處，最重要的快樂處方就是不要有期待

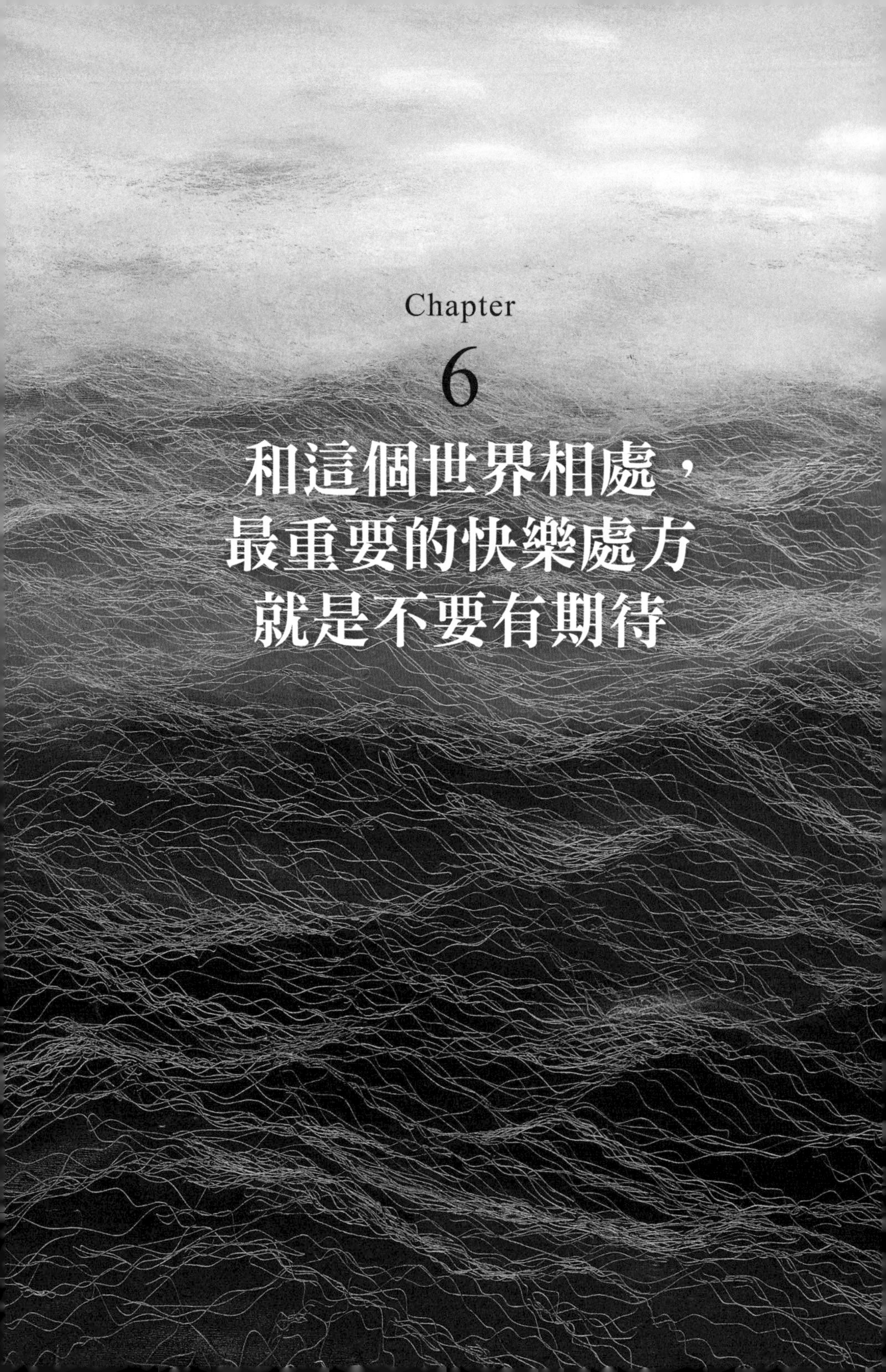

父母過好自己的人生，孩子就沒問題

我出去演講的時候，常常會碰到一些憂心忡忡的家長。他們看到我的書中描述我們每個人小時候是如何被制約、被壓抑，從而一生受到禍害，因此都會問：「我們應該怎樣幫助孩子，才能讓他從小不會遭受那麼多的創傷呢？」我的回答一般都是：「把你自己修好，孩子就沒問題啦！」

其實，孩子最需要的就是父母的全心接納，如此而已。可是，哪個父母不覺得對面的柱子長得比咱們家孩子高，跑得也快；隔壁的薇薇比咱們家女兒聰明；你看你班上的王大頭，每次都考一百分；王叔叔的嬸嬸的表姨的小姑的女兒，拿了什麼什麼競賽的第一名。哪個父母不曾管教自己的孩子：你看你，手這麼髒還抓東西吃，一點衛生觀念都沒有；你看你，一點小事就哭，哪像個男孩子？

從小處於這種負向「轟炸」之下的孩子，在潛意識裡都覺得自己不夠好。而這個「不夠好」和「不配得」的情結，就是造成我們很多人大半輩子無法真正快樂的主因。因為我下意識地覺得自己不夠好，所以容不得別人說我。因為我隱隱約約覺得自己不如其他人，所以我必須強出頭，在各方面都要有所表現，來安慰自己。因為我覺得自己不配得，所以很多事情我不會去爭取，或是不自覺地破壞快到手的成功或是快樂。

不要藉由母親的身分，將負面情緒投射在孩子身上

有一天早上，我難得跟孩子們一起用早餐（平時是練瑜伽啦，不是賴床——你看，怕你們覺得我不夠好，所以要解釋）。我注意到我和女兒開始吃了很久，我十二歲的兒子還在他的房間裡東摸西摸。

我那天心情不佳，意識層次較低，負面情緒較多，怎麼看他就是不順眼。催了好幾次，他總算姍姍來遲，我開始很不高興地數落他：「你看看你，動作這麼慢，早上起來在樓上磨蹭那麼久！我應該送你回臺灣去當兵，把你訓練得動作快一點！」

孩子聽了我的數落，感受到我對他的不滿，開始很不高興地反駁我：「哪有慢，今天要穿制服，還要打領帶，很複雜呢！」

我還是很不高興地抱怨，一直嘮嘮叨叨喋喋不休。這時，我有了一些覺察，

看到自己在試圖讓貓學狗叫，而且還振振有詞地為自己辯護。

其實，我的兒子一直就是一個動作不利索的人，這是事實。不過，這顯然並沒有誤事，至少每天早上我雖然沒有陪他們吃早餐，但是他們都準時趕上校車去上學了。問題出在哪裡？出在那個看不慣別人動作慢的人，就是我——他的母親。我是在利用自己的母親的身分，把自己的負面情緒投射在孩子的身上。

很多時候，我們往往藉由「管教孩子」的名義，把自己不喜歡或是看不慣的東西發洩在孩子身上，美其名曰「對他好」，但是卻傷害了孩子的心。

那天早上，我就聽到我兒子大聲地斥責他妹妹，讓她趕快出門，語氣中充滿了不耐煩和怒氣，惹得我又開始不高興，感覺很毛躁，很想出言阻止他。但是，我立刻又察覺到：這是誰教他的？誰以身作則地教他對人不耐煩和憤怒時如何表達？誰讓他一大早就怒氣沖沖地出門？因此一念之轉後，那一刻，我體會到的是一個懺悔的母親的反省。

放下你的故事，不要把孩子當成「投射板」

也許你會說，孩子總有做得不對的時候，總得教吧？當然。孩子絕對需要界限，否則他們會經常感到迷失的，而且感覺不被愛。但是，重點在於管教時的態度。如果孩子的行為和言語沒有觸動你自己內在的舊傷或是情結的話，你管教他的態度是截然不同的，不是嗎？

我以前很重視孩子的睡眠。規定他們晚上九點一定要準時上床睡覺，這是我的「規矩」。因為我覺得他們睡不夠就會生病，生病就會找一堆麻煩。所以，每次看他們很晚還不睡的時候，我就會抓狂。

有一次，我兒子晚上十點半跑到我房裡來，說他睡不著。要是以前，我就會很生氣地斥責他，要他趕快回房睡覺。

但是，學了拜倫．凱蒂的一念之轉之後，我看到了我的思想。

然後我就問自己：為什麼會生氣？

答：因為睡不夠就會生病。

問：這是真的嗎？睡不夠就會生病嗎？

答：嗯，不一定啦。

問：當你有這種想法的時候，你是個什麼樣的媽媽？

答：是一個憂心忡忡、有點抓狂的母親。

問：沒有這種想法的時候，你又會如何？

答：我是一個愛孩子的心平氣和的母親。

問：所以，你看得出來，你的抓狂生氣，和孩子的行為沒有關係。讓你生氣的是你的思想，它奪走了你的平和，以及做母親的愛心。

當我看到這個，我就能放下我的「故事」（孩子睡不夠就會生病，生病就會很麻煩——這是真的嗎？），而以平常心看著十點半跑來我房裡的兒子。他是那麼英俊，長得超像我，嘴巴嘟嘟的，因為睡不著而感到沮喪。我開心地擁他入懷，讓他睡在我旁邊，安慰他。過一會兒，我柔聲問他：「媽媽陪你回房間睡好嗎？」他點點頭，我就高高興興地（他也是很受安慰地）送他回房間。所以，我說了，把自己修好，孩子自然就好了。只要不把孩子當成我們的「投射板」，孩子多半就會有個快樂的童年。

父母最愛放在孩子身上的東西：恐懼、匱乏、自卑感

為什麼我們跟孩子之間會有那麼多問題？跟孩子的關係會那麼緊張？

這是因為做父母的常常把兩樣東西放在孩子身上：第一是恐懼，第二是匱乏，也就是自卑感。

恐懼是什麼？恐懼就是這個世界很不安全，我害怕孩子出什麼事情，我就活不下去了。

匱乏就是，「孩子啊，媽媽不出色，爸爸沒什麼成就，所以我們一輩子的希望都在你身上了。」

我就是被這兩種能量養大的。

我媽媽有很多恐懼，所以對我嚴加控制，我年輕時的婚姻都由她完全包辦。那時有人給我介紹對象，我媽媽就會說，這個不要，那個不行。從結婚到離婚，她完全參與，我在她面前沒有隱私。

我爸爸很匱乏，所以把很多希望都放在我身上。在我還很小的時候，他就把一雙大手放在我的肩上說：「女兒啊，你一定要出人頭地，光宗耀祖，因為爸爸的幸福快樂都在你身上。」這對當時的我來講，是多麼大的壓力啊！如果你小時候父親給你的安全感不夠的話，你會對這個世界充滿恐懼，對金錢也會有匱乏的感覺。直到有一天，你可能突然發現你的父親其實一直在那裡，始終在支持著你、在愛你——可能是以一種你無法理解或者看不見的方式。如果你能看到這一點，你對這個世界、對金錢的匱乏和恐懼都會下降。

我母親曾經有一陣子對我很冷酷、很疏遠，因為我沒有按照她的希望成為一個基督徒，而去搞什麼「亂七八糟」的靈性。有一次回臺北的飛機上，我在那裡哭，我女兒那時才七歲，她問我為什麼哭，我說：「媽媽真希望姥姥能以我本來的樣子接受我、愛我，而不是因為我不是她想像的樣子就切斷對我的愛，懲罰我。」我不知道女兒能不能聽得懂，就對她說：「媽媽一定不會這樣對待你，不管你以後是什麼樣子，媽媽都接納你、愛你。」

我希望和兒女的關係能夠像朋友一樣，沒有那麼多的期望和牽絆。但是，由於我個人反對太早戀愛，我很早就跟孩子們說，希望他們十八歲以後再開始談戀愛。然而我女兒有她自己的想法，很早就交了男朋友，算是早戀，常常很晚才回家，在男朋友家流連忘返，這讓我覺得心裡很不平衡。因為我覺得我對他們已經沒有那麼多的要求了，就只有幾個大方向的考慮，他們都不能聽從，所以我非常失望。

有一次她回家，我就告訴她：「你眼裡根本沒有我這個媽媽，我們不要做母女了，你就當沒有我這個媽媽好了。」然後就把門關上不理她。

她說：「媽媽，你為什麼要這樣子？」然後就哭了。

突然，我發現我完全是在用我媽媽對待我的方式在對待女兒，好可怕。在那一剎那，我終於放下了，並對女兒說：「去做你想做的事情吧，媽媽永遠愛你。」

放下過度期望，孩子才能真正成長

我們人生中出現的很多問題，其實都來源於我們過度的期望。不管是對別人還是對自己，這種期望實際上都源於我們自身的恐懼。

比方說，我家孩子小時候，我管得很嚴，規定他們每天早上都要上廁所，而且一定要在規定的時候排便，不上廁所就不能出去玩。有一次，我們在外度假，早上我問女兒上廁所沒，她說上了啊。我就進了衛生間，發現她其實沒有上，當意識到她在跟我說謊的那一剎那，我很難過。

後來，我自己分析，為什麼我會這麼要求我的孩子們？因為我小時候常常便秘，所以我希望孩子們從小養成定時排便的習慣，不要再受我所受過的苦。出於自己的恐懼，我就期望孩子們能夠怎麼樣怎麼樣，實際上，我是把自己受過的苦投射到孩子們身上去了。

當我發現孩子在定時上衛生間這件事情上撒謊的時候，我就開始檢討我自己——在這件事上，我肯定出了什麼問題，以至於孩子必須要對我說謊才能蒙

混過關，這樣的結果實際上是在把孩子往錯誤的方向去教育和引導。

從那以後，我就把孩子早晨必須去廁所的這個執念放下了。我和孩子磨合了這麼多年，一直在放下心中的各種執念，到現在幾乎是完全能包容他們了：比如，以前我討厭狗狗上床，但是孩子們就喜歡把狗狗弄上床，所以我一進房門，還沒反應過來，狗狗就自己先跳下來，因為牠們知道我不喜歡牠們在床上。後來我實在管不住了，就不理會他們，但我還是堅持狗狗不能上我的床——因為這是我的床，我可以管，你們的床我不管。我就是這樣一點一滴被孩子磨出來的，一直在學習放下對他們的期望和要求。

親愛的孩子，快樂是我最想教給你的事

❖給兒子的信・關於情緒管理

沒有人可以讓你生氣，除非你同意

親愛的寶貝兒子：

今天讓我們來談一談怒氣——怒氣管理（Anger Management），這是你最有資格談的話題吧？記得小時候，你的脾氣特別不好，遇事就愛著急，常常哭鬧。大了以後，你還是會常常生氣，但是發生的頻率、強度、長度都比以前好很多。而且更重要的是，你每次發完脾氣，或是跟爸爸媽媽吵完架，都會來道歉。

有一次，你從學校回來，到我的書桌前面，一副很鬱悶的樣子，當時你大概十歲出頭。我問你怎麼了？你說不舒服。我說那你去睡一會兒。我繼續埋頭工作。過了一會兒，你來了，遲疑地拿了一張老師寫給我的信給我看。

信上說，你今天在學校和同學發生肢體衝突，爆粗口，還踢同學的下體，要我好好跟你談一談。我的第一個反應就是心疼你，抬起頭來，我看著你說：「寶貝，你一定好難過是不是？」當時你就哭了，抽抽噎噎地停不住。我抱著你，跟你說：「如果你知道自己做錯了，就跟同學道歉嘛！」你說：「我已經道歉了。」我安慰你：「那就不要難過了。你一直有怒氣管理的問題，不要太苛責自己，知道了就好。」

我的第一個反應不是像其他父母那樣：

自私——為了自己的面子，覺得孩子讓自己丟臉了，所以會責罵孩子。

恐懼——覺得孩子現在就做這些流氓行為，長大了還得了，非得好好教訓他一頓才行。

媽媽不是這樣。我對你和妹妹的愛一直都是希望你們快樂，而不是希望你們完美。我允許你們做自己，允許你們犯錯，給你最大的自由去探索自己和這個世界。因為唯有如此，你們才能真正學會自己該學的功課，而不是由媽媽教導你們一些不切實際的理論。因為如果不是自己真正學會的功課，等到真的發生什麼事情，如果我不在你們身邊，你們自己是無法處理和定奪的。

不但如此，我還回信給老師，告訴他，我很遺憾今天發生這樣的事情。我說你是個很好的孩子，非常善良、乖巧，就是脾氣不太好。希望老師多給你鼓勵，而不是責怪，這樣你會更容易學會控制自己的脾氣。

而當我面對你的怒氣的時候，我也是個酷媽。當你對我大吼大叫時，我會冷靜地告訴你，我不跟對我這樣說話的人溝通，請你先離開。你會走開，然後回來道歉。

記得有一次，我去美國看你，你求好心切，想要照顧好媽媽，又有很多課業和學校活動的壓力，又看不慣我在美國的一些行為，所以就對我很兇。

我好聲好氣地跟你說話，你還是非常急躁，我歸於我的中心，告訴你，你這樣對媽媽的態度是不對的，然後就不理你了。過了一會兒，你又跟我道歉，說你壓力真的很大。我說壓力大也不需要這樣，何況根本沒有人給你壓力，你要自己學習放鬆，不要什麼事情都那麼緊張，要求完美。媽媽也不是難以取悅的人，你不需要費心照顧我。

不過，你的脾氣越來越好，越來越歸於自己的中心，這倒是真的。為了寫這篇文章，我特別問你，你是怎麼逐漸學會控制自己的脾氣的？你說，你就是自然而然地瞭解到：生氣對事情沒有幫助，而對人更是有傷害，所以你逐漸就少生氣了。

然後你說，我曾經告訴過你一句話，讓你很受用，那句話是：「沒有人可以讓你生氣，你要為自己的憤怒負責。」我很為你感到驕傲，你是個有學習能力和反省能力的孩子，所以才能夠有這樣的改變。說實在的，媽媽自己都是修了很久很久，才把脾氣慢慢給修掉的，不過還做不到完全不生氣，你也是啊。

所以，我們母子倆互相提醒（監視）吧，呵呵。

有智慧的人，始終留給別人「第二次機會」

親愛的兒子：

你已經滿二十歲了，非常有自己的主見，媽媽注意到你有很高的道德標準。

有一次，媽媽的一個粉絲請我吃飯，我帶你一起去。飯後，你告訴我這個條件不錯的男人喜歡我，可是你也很厲害地看出來媽媽對他沒有興趣。然後你說：「我一開始還滿喜歡他的，直到他提到他有女朋友。」我說：「為什麼？是女朋友，又不是老婆。」你嘟囔著說：「有女朋友的話，這樣做就不可以。」

我覺得很好玩，知道你在道德方面有很高的標準。誰知道他和女朋友是什麼關係？他和媽媽吃一次飯，受媽媽吸引，也沒做什麼，又有什麼不可以？你的批判來得太快太急，這對你來說並不是好事。媽媽做人做事，始終都留給別人第二次機會，而且不會立刻妄下斷語說：這是對的，那是錯的。

記得小時候，你有一次在我房裡鬼鬼祟祟。我進去的時候，你慌張得不知所措。我問怎麼了，你就哭了，抽抽噎噎地說對不起，你本來想偷我皮包裡的錢。我沒有罵你，只是溫和地問你：「需要錢為什麼不直接跟媽媽要，需要用偷的？」你羞愧不已，一直痛哭，說我給你的零用錢不是很夠，你想買東西。

我後來和你爸爸商量，調整了你的零用錢額度。但是我最關心的倒不是你偷錢，而是你的羞愧感。我知道你是個好孩子，有良好的家庭教育和父母榜樣，將來不會變壞的。然而這種羞愧感，媽媽可不想要它跟隨你一輩子。

於是，我告訴你好多故事：

爸爸小時候唯一一次被奶奶打，就是因為偷奶奶的錢。可是你看，爸爸現在是個多麼正直的好人。

媽媽小時候家裡窮，有一天我爸爸朋友的小孩來家裡玩，帶著一把漂亮的寶劍。我太喜歡了，就把它偷偷藏在一個五斗櫃後面，讓他們找不到。不過後來，我自己也找不到那把寶劍，白偷了。

媽媽的一個好朋友，十幾歲的時候也去商店裡偷東西，因為實在沒有錢，但是又想和朋友一樣穿漂亮一點。現在，她是媽媽最好的朋友，人也非常正直，絕對不會貪圖別人什麼東西。

我告訴你這些，是希望你知道，人都有犯錯的時候，但最重要的是要知道：不要拿不屬於我們的東西，而且人不能貪心。你需要錢，可以跟媽媽好好商量，媽媽會支援你，不需要用這種讓自己也難過的方式。

我的原諒和接納，帶給你很大的安慰，你從此對我非常信任，什麼話都告訴我，我們母子之間沒有秘密。所以說，媽媽沒有因為你的一次糊塗行為，就對你妄下定論，嚴厲地教訓你，讓你留下羞恥感。我相信你的善良和正直，我也關心你的心理健康和快樂。

我現在想跟你玩個遊戲，讓你瞭解一下我們所謂的「對錯好壞」，有時候真的是不好說的。請你回答下面這兩個問題：

問題一：如果你知道一個女人懷孕了，她已經生了八個小孩了，其中三個耳聾，兩個眼瞎，一個智力有缺陷，而這個女人自己又有梅毒，請問，你會建議她墮胎嗎？

問題二：現在要選舉一名領袖，你的這一票很關鍵，下面是關於三個候選人的一些事實：

候選人A：他跟一些不誠實的政客有往來，而且會星象占卜學。他有婚外情，是一個老菸槍，每天喝八～十杯的馬丁尼。

候選人B：他有過兩次被解雇的紀錄，每天要睡到中午才起床，大學時吸鴉片，而且每天傍晚會喝一大夸脫威士忌。

候選人C：他是一位受動的戰爭英雄，素食主義者，不抽菸，只偶爾喝一點啤酒。從沒有發生婚外情。

請問，你會在這些候選人中選擇誰？

媽媽先說第二題的答案。

候選人A是美國總統富蘭克林．羅斯福，候選人B是英國首相溫斯頓．邱吉爾，候選人C是德國殺人魔希特勒。

我想問你，你是不是選擇了希特勒？那你會建議第一題那個婦女去墮胎嗎？如果是，那你就殺了貝多芬，因為她是貝多芬的母親。

所以，按照你的道德標準和價值判斷，你殺了貝多芬，選擇了希特勒當領袖。

媽媽希望這個故事能夠給你一些啟發。

你和妹妹有一次異口同聲地說，希望年紀大了以後，能有媽媽的智慧。

媽媽和你分享贏得智慧的一個重要方法，那就是：開闊自己的心胸，嘗試去接納各種不同的人、事、物。不要因為對方和你的價值觀不一致，就一味地去排斥對方或是拒絕靠近，別太快地下定論、作決定，而是始終留給人家「第二次機會」，或是給事情一些時間，讓它自然去發展、成形。

心胸寬大了，成見自然不深，更多好的、正向的事物會流向你，讓你對這個世界有更多的安全感。祝福你，親愛的孩子。

該發生的都會發生，不會因為你的干涉而改變

寶貝，每次媽媽的微信視頻通話響起來的時候，我就知道百分之九十五是你打來的。百分之四是我的微信自媒體公司的總經理有急事找我，百分之一是你妹妹。其他人從來不會這樣不經微信詢問就打電話給我。這說明，我們之間關係的親密和沒有界限。

很多人問，我為什麼不寫信給女兒，為什麼好像和你比較親。其實這是你們兩人的選擇，妹妹的個性像爸爸，高冷內斂、以自我為中心，很少主動聯絡我。但是她非常愛我，這點我很清楚，只是不那麼依賴我，溝通也比較少。我發十個微信給她，她回一個，但這並不影響我對她的愛。她自己決定要不要和我親密，要不要接受媽媽的指引，我無法強迫她。不過她是那麼美麗和惹人憐愛，媽媽還是非常開心有這個女兒。

那天，我在臺北的捷運上，你打電話給我，問我背景為什麼那麼吵。我告訴你我在捷運上，你很著急地說：「叫你不要坐捷運，現在隨意殺人的人很多，而且臺灣流感死了不少人。」你怕我不安全，我很感激你的提醒。但是，你的語氣

強硬而堅持，我只能溫柔地守住自己的界限，不想和你爭辯。

是的，我可以開車，也可以叫計程車，但是每天那麼多人都是靠捷運在生活、行動，捷運又省錢、又環保，為什麼我不能坐捷運？你可以讓我注意安全，不要一直看手機，所以如果有人隨機殺人我可以提早開溜。你也可以讓我戴口罩，增加自己的抵抗力，免得被流感傳染。你沒有給出這些建設性的建議，只是要我保證下次不坐捷運。所以我敷衍你一下，並決定寫這篇文章給你。

你還是充滿那麼多恐懼，可能源於生你之前媽媽做過幾次人工流產，那幾個孩子的恐懼還留在媽媽的子宮裡，被你感受到了。此外，我剖腹把你生出來的時候，臍帶繞頸三圈，可能在媽媽肚子裡你就面臨了死亡的威脅而天生沒有安全感。這些都是需要你後天去看見、去接納、去消融的。否則，你就會不斷地把你的這些恐懼投射到你所愛的人身上，對這個世界也充滿恐懼和戒心，這樣會很辛苦的。

你干涉我的行動，雖然出於好意，我能明白，也能承接得住。但是將來你的配偶和孩子，很可能就會受到比較大的干擾和傷害。所以，再親密的關係，也一定要有界限。很多人對外人非常有耐心、有禮貌，可是對自己的親人就沒有那份尊重，因為沒有設定好界限。

所以我建議你，每次你要干涉你愛的人的行為時，先回到自己的中心，看看內在被啟動的情緒、感受是什麼。

通常有三種情況會讓你跨越界限，去侵犯或是干擾你愛的人，我說的都是內在的感覺：

1. 一種難以言喻的不安——出於自己內在的恐懼，怕對方出事或是不安全。

2. 出於一種強烈的占有慾，讓你想控制對方的行為，以符合你自己的喜好。

3. 對於你認為的對與錯，你有強烈的標準，而且覺得自己的標準是正確的，想要扭轉、干涉對方的行為。

這些都是親密關係的大忌。寶貝，讓媽媽一件一件幫你分析吧！

第一，媽媽說過好多次了，很多事情不是我們能掌控的。為什麼不舒舒服服地交給老天，我們做好自己該做的事就可以了？過分擔心別人，其實是把不好的負能量——也就是詛咒——加諸在你愛的人身上。最後的結局是：該發生的都會發生，不會因為你的干涉而有所改變。但是你和你愛的人的關係，會受到很大的影響。

我每次就被你弄得很煩，很不舒服。你是我兒子，而且媽媽年紀大了，知道該怎麼應付你，但是你的愛人可能並不知道啊。如果是你的孩子，你就是在殘害

孩子了。我在你小時候可沒有這樣對你，希望你不會這樣虐待你的孩子。

第二，占有慾也是親密關係的一大殺手。很多人覺得，你是我的愛人、孩子、父母，所以你就應該怎樣怎樣。當我們占有慾太強時，就會覺得對方生活的一舉一動都應該要照我覺得好的方式去做：

我覺得慢跑對你好，你去做瑜伽我就會說你。

我覺得你應該先工作再考研究所，你直接去考研究所就是不對的。

我覺得那個對象不適合你，所以你們結婚我就不贊同。

我看過有些父母甚至以「斷絕關係」來威脅自己的孩子，這是什麼父母嘛。

我一向認為，每個人都要為自己犯過的錯誤負起責任，這樣才能學會功課、得到智慧，而且保證下次不會再犯。所以，你從小就知道，媽媽一直是鼓勵你多犯錯的。

第三，太多的是非判斷標準，在親密關係中也很有殺傷力。比方說，我覺得你應該孝順父母，結果你做不到。作為親密愛人，我可以用我的行動去孝順我的父母，或是去孝順你的父母，而不是去批判你。

如果你覺得自己堅持的東西是對的，那麼讓對方改變的最好方式就是先去接受他那個你覺得「不對」的行為。是要真的心悅誠服地去接受，然後再想辦法動之以情、曉之以理，這樣一來，對方真的會在你柔性的勸說下慢慢改變的。

再舉個例子，比方說戒菸戒酒這種事，其實也一樣。你越是去干涉對方，對方的反抗心理反而會越重。你只需要讓對方知道你很關心他的健康，希望他可以戒掉菸酒，剩下的事情就交給老天了。這樣不但不傷感情，而且對方改變的機率也會大很多。

以上三點，就是我們會侵犯對方界限的主要原因。媽媽希望你可以看到自己這些行為背後的動機，然後對症下藥地去改變這種不利於親密關係、親子關係的行為，從而讓自己更幸福。

你會選擇什麼樣的伴侶，寫在你的父母關係裡

寶貝兒子：

春假回來和你相處幾天，媽媽忍不住想要和你談談「關係」的影響。你和媽媽非常親密，我完全能夠看到日後你和女友、老婆互動的方式，會不由自主地「延續」我和你的關係。因此，我忍不住想跟你說些事。

很多心理學家說過，我們每個人都會不自覺地重複自己童年的經驗，尤其是和父母之間的互動方式。

這是因為：

1. 我們熟悉了這種方式，認為這就是愛和親密。所以在親密關係中，我們會塑造情境，重現父母當年給我們的感受——即使它是不好的，至少我們非常熟悉它。

2. 我們想要在成年以後，再度重塑當年的情境，好讓我們有機會去療癒自己。

我看到，我們之間的問題就是媽媽太過強勢能幹，因此從小你就非常依賴媽

媽。雖然媽媽這幾年來柔軟了很多，在你進入青春期之前就學會了非常尊重你們，給你和妹妹很多空間，讓你們自己作決定。但是我知道，你這一輩子不會和太溫柔、不能幹的女人在一起的。你跟我說，你的眼光很高，學校很多女孩喜歡你，可是你都看不上，我們都明白這是什麼原因。

我想跟你說的就是，你要學習堅強、有力量，要讓自己真正地長大。你不在媽媽身邊的時候，的確像個二十歲的成年人了，非常負責，自己會處理很多事情。可是在媽媽面前，你卻總是依賴、牽絆，這可不太好。所以和你在一起時，我總是試著讓你多做事，多為女性服務，學習傾聽，學會同理，讓對方覺得舒服。

讓自己長大的最好方法，就是去承受孤獨、痛苦、無助的感受。這是非常不容易的。因為人除非到了山窮水盡、無人可以依靠的時候，否則是不會願意去直視自己的痛苦和無助的。

其實，我們並不需要去消滅這種揮之不去的感受，只需要學會在它出現的時候，看到它，允許它的存在，然後我們還是去做自己該做的事。不否認、不害怕、不批判、不在意，學習在恐懼的陪伴下大步向前走，繼續開心地去探索這個充滿各種可能性的大千世界。

還好，你童年的創傷不是太嚴重。將來在關係中，你可能會重複的就是一個強勢配偶對你的掌控。你不需要去感受不被愛、不被尊重或被拋棄，因為這不是你的童年課題。對於配偶的掌控，媽媽想說的是，只要你成熟長大，真正有了男人的力量，你可以讓你慣於掌控他人的配偶也回到她自己的中心，輕輕把她推回她該有的位置，不需要過度反應。

另外，我也注意到，你常常把很多你的恐懼投射到媽媽身上，用言語不停地干涉我的行為（也是過度掌控）。這讓我覺得很無奈，有時候也挺煩的。我不斷地在提醒你，希望你能夠看見：過於掌控他人的人，全是出於對這個世界的恐懼和不信任。他們不相信最高力量會掌管一切，以為自己的強加干涉就會讓事情呈現出自己想要的結果。

媽媽以多年的生活經驗和觀察結果告訴你，其實不是這樣的。人算真的不如天算，如果我們不相信老天，自己成天活在恐懼和不信任中，就會不斷地想要去掌控身邊的人、事、物，好讓事情依照我們希望的方式發生。這樣一來，不但自己過得很累，而你身邊的人，尤其是重要關係人，也會很煩的。

所以，每次我們兩個人在一起時，常常出現的場景就是：你急切地想要說服我什麼，要我做什麼防範措施，或是一些過度保護的事情，而我老神在在地不予理會，最後被你說煩了，回你一兩句，要你退回你自己的位置，管好自己就好。媽媽希望日後你的女友也有媽媽這樣的淡定和智慧，不會因為你的過度擔心和保護，而和你一直起衝突。

另外，我也知道，你會按照媽媽的樣子去尋覓你的伴侶。所以我特別想跟你說，找對象第一就是要找心地善良的。因為一個強勢能幹的女人，如果心地不善良，那你和她交往就有得受了。同時，我覺得最重要的是她在提到別人，尤其是前任男友的時候，說的是什麼。像媽媽和所有的前任男友都維持著不錯的關係，至少絕對不是那種老死不相往來的敵對，我覺得用這點來偵查人品是非常重要的。

但是如果心地太過善良，和父母關係牽扯不斷、極端受父母控制或是特別依賴父母的女孩，也會帶給你不同的課題。她需要成長，剪斷和父母的臍帶，才能有自己的親密關係。否則，她和父母的關係會不斷地打擾你們，造成兩個人相處的困擾。

不過話又說回來了，媽媽其實希望你結婚前多戀愛幾次，累積不同的經驗，不斷操練、學習、增加自己的戀愛智商，這樣到你結婚的時候，你會是一個知道自己想要什麼的成熟男人。

你問過我，如果我不喜歡你的女友或老婆，我會怎麼樣。呵呵，我能怎麼樣？我這麼民主開放的媽媽，是不會無故不喜歡你選擇的對象的。如果她不喜歡我，我們就會自然地少往來，也不會讓你為難。

最後，媽媽為你獻上最深的祝福——雖然你才剛要滿二十歲——在人生的旅途當中，享受所有的戀愛過程。即使失戀了、心碎了，你也能從中學到功課，讓自己變得更好。同時，不灰心、不氣餒地繼續戀愛，把愛情當成你生命中重要但不是必要的娛樂。祝福你，我的兒子。

其實，你真的沒有自己想像得那麼重要

親愛的寶貝：

那次我去美國看你，我們聊得很愉快。我跟你說我想寫一本關於「媽媽給兒子的信」的書，用你做主角。我以為你會斷然拒絕，沒想到你竟然答應了（我們不提我答應給你的百分之十的版稅吧，哈哈）。不但如此，後來我們再次見面時，你還催促我寫這本書，哈哈，你真是個可愛的孩子。

我想寫這本書的目的，是因為你大了，我有很多東西想跟你分享。當你很小的時候，媽媽還是比較沒有覺知的狀態，很多時候也傷害了你，多多少少在你心裡留下了陰影。現在媽媽比較有意識，你也能夠理解很多道理了，我想把媽媽的一些人生體驗分享給你。不過，這個過程很可能會洩漏你的一些隱私，我跟你說了，你也同意，這讓媽媽覺得非常開心。

因為媽媽認識太多的人，一天到晚遮遮掩掩自己的一些事情，不敢讓別人瞭解真實的自己，好像他們自己有多重要似的（其實，別人真的沒有你想得那麼在乎你的）。我一直覺得，光明磊落是一個非常重要的特質和美德。那些左遮右蔽

的人，其實是不敢面對真實的自己，沒有內在力量去承擔自己的缺點被別人知道之後的那種不舒服的感覺，他們其實活得很累。

那些人其實是死要面子活受罪。他們過於重視面子，特別在意別人怎麼看他們，反而無法獲得別人的尊重。因為他們沒有「做自己」，一直在隨著別人的眼光起舞。你想，每天要花那麼多能量去防禦自己，戴上一個別人可能會喜歡的面具和他人應對，只要想想就覺得很累。

做為一個算是公眾人物的人，媽媽一直都是非常勇敢和真實的。我發現我的讀者更願意看到一個真實的、有血有淚、會哭會笑的作者德芬，而不是一個「開示人間、高頻振動、無所不能」的導師形象的我（這句話來自我微博一個讀者的評論）。

我就覺得做真實的自己非常划算，因為我不費力氣，不耗能量，自己舒服，別人也覺得舒服、喜歡。而如果裝模作樣，不但自己累，別人也未必喜歡。所以，我真的不懂為什麼那麼多人害怕別人知道他們的一些事情。

其實我後來發現，我們真的沒有自己想像得那麼重要。就算別人知道了你一些不是很光彩的事情，只要你誠實以對，在別人的腦海中，這些事情都會一閃而過，根本不會留下痕跡。而且，你自己過得怎麼樣才是最重要的，在別人心目中，你真的沒有那麼重要。

雖然我有時還是會有點在意別人對我的誤解和惡意攻擊，但是它們無法阻止我去做真實的自己，這點你像媽媽，我很開心。因為勇敢面對自己真的是成長的第一步。你也承認自己有非常幼稚的一面，但是你只在媽媽面前表露。你說過，總要有一個讓你能夠退化成孩子的人，因為在外面裝大人很累，呵呵。

但我也提醒你，在媽媽面前也不要過於放縱自己退化，因為你和媽媽的相處模式，將來會延伸到你和你的親密伴侶的相處模式。沒有一個女人會希望她們的男人在自己面前永遠退化成孩子的。你也聽進去了，但是將來是否能做到，我們都不知道，媽媽會常常在旁邊提醒你的。

說到坦誠，你告訴我你不會欺騙我，因為我對你是那麼包容和接納，所以我們可以說是無話不談的好朋友。

你對諸多事物的恐懼，一再地投射到媽媽身上；而你由於對自己的不滿意，進而形成對別人的批判，也不斷地投射在妹妹身上，所以妹妹不喜歡和你說話。我希望你能夠更清楚地看到這一點，因為你對我和妹妹的態度和方式，將來都會不自覺地轉嫁到你的親密關係當中，媽媽可以想像你的伴侶會受到什麼樣的待遇。

而關於親密關係，媽媽也有好多可以和你分享的，讓我以後慢慢地一點一點地告訴你吧。

❖ 給兒子的信・有關「期待」

和這個世界相處，最重要的快樂處方就是不要有期待

德芬導聆

親愛的兒子：

今天接到你從美國打來的電話，心裡很難過。你馬上就要過二十歲生日了，在電話裡哭得像個小嬰兒似的。我知道你爸爸到美國辦事，你期待了很久想要見他，然而見面的結果卻是令人失望的……你們一見面就吵架，最後不歡而散。

媽媽理解你的痛苦，也知道你希望靠近爸爸，和他有深刻的感情交流。但是媽媽也直率地告訴你，爸爸給不了你想要的東西，這是一個事實。你對他失望，是因為你有期待。你期待他能夠善解人意、支持你、聆聽你，不要開口就是那些奇奇怪怪你不喜歡聽的東西。

媽媽想跟你說的就是，長大吧，寶貝。其實，你已經不需要爸爸的情感支援了。你可以把他當朋友一樣相處，放下要他愛你、支持你的需求，那麼你們相處起來可能還會融洽一點。我知道，這對你來說有點困難。媽媽看到很多成年人在談到自己的父母時，有時候還是會退化成孩子的狀態，哭訴父母的問題，這是全人類都需要去正視和改進的狀況。

你從小是在比較優渥的環境下，被寵愛著長大的。雖然在你十歲以前，媽媽並不是那麼有覺知，也對你有一些傷害，但是在我們家男性抑鬱、憂慮、膽怯的性格傳承中，你已經算是一個心理健康、快樂無憂的年輕人了。所以，我雖然心疼你和爸爸這樣的關係，但也覺得有一些這樣的逆境，對你的成長是會有所幫助的。

和相愛的人相處，甚至和這個世界相處，最重要的快樂處方就是不要有期待。尤其是發現事實和我們期待的不同時，能夠看清它，並且去勇敢接受它。我們可以有理想，有自己想要的生活，但是一旦事實出現，它就是老大，沒得說。

然而，有多少人可以承認事實呢？媽媽常常檢視自己，但是也發現，我還是常常跟事實抗爭，拒絕面對真相，因為真相常常不是我們想要的。

所以有句話就說：接受真相使人自由。是啊！只有我們看清楚了實際狀況，願意接受它和我們想要的可能相去甚遠，我們才能有一定的自由。就像你的爸爸，他雖然不是你理想中的父親，也無法給你想要的那種支持和關愛，但他還是你的爸爸。你可以放下對他的想像和執著，接受他本來的面目和他相處。如果我們做不到，是因為我們有要求，有期待，不願意放棄。當對方給不出來的時候，我們抗爭，並且愚蠢地以為我們的反對、抗爭、努力，會讓對方改變。

媽媽現在就告訴你一個殘酷的事實：我們不可能改變任何人。如果任何人好像因為你的作為、你說了什麼而做出改變，那也是因為那是他自己想要的，他自己願意的，絕對不是「被你」改變的。如果他不願意，他永遠都不會改變。就算改變也是暫時的、表面上的。這也是為什麼那麼多的婚姻最後都以失敗收場。因為剛開始的時候，很多人會以對方期待的方式和對方相處（短暫地做出改變，以得到自己想要的東西）。等到結婚以後，他們覺得大事底定，安全了，可以做自己了，便開始原形畢露。

親愛的兒子，我相信你有足夠的智慧和勇氣去面對你和爸爸的緊張關係。智慧就是媽媽上面說的，接納他就是這樣的人，雖然他以前不是，但是他現在改變了。同時，你也要看到自己在爸爸面前的退化心態——想做個小孩，讓爸爸寵你、愛你。在親密關係當中，我們常常退化成孩子，而且次數太過頻繁，影響了親密關係的品質。所以，你現在就可以拿爸爸來練習，知道他不是能夠讓你退化成孩子的人，在他面前，就是要以平常心對待他。

我知道，你一個人離開家在美國唸書，一下子被迫成長為大人，有時候的確需要退化成孩子，讓自己喘口氣。那麼，媽媽就是那個可以讓你在我面前退化成孩子的有愛大人。但是，你自己也要有覺知，還要有媽媽說的勇氣，去看到你不能時時刻刻在媽媽面前都退化，你也要有「大人的樣子」。否則，將來在你的親密關係中，你會非常需要時時刻刻退化成孩子，那就很麻煩了。祝福你，我的孩子。媽媽知道你在異鄉唸書、發展，有諸多不易。但是媽媽始終在這裡支持你、愛護你，期待你成為一個真正有愛的成年人，可以照顧自己感情上的需求，並且體會自己所愛的人的需要。而當那一天來臨的時候，你才算真正地成長了。

給兒子的信・有關「金錢」

跟「好人」相處，不代表你就會安全和幸福

親愛的寶貝：

今天我們來談談金錢——你最喜歡的話題。

從小你就特別在意金錢，很會「堆積」、「累積」，把自己心愛的玩具全部都藏在一個櫃子裡的角落。而且有一次，我還發現你半夜睡不著，在數自己有多少銅板——典型的金牛座，呵呵。

我也曾經建議你長大以後開一家討債公司，因為你實在太會藉由各種名目跟媽媽要錢了。那種不擇手段加上極厚的臉皮，相信你的事業會很興旺，哈哈。

在這個世界上，大家掙錢背後的動力，基本上可以分為三種：

第一，出於恐懼，沒有安全感，覺得在這個世界上沒有錢就生存不下去，而自己很有可能面臨這種窘境。

第二，出於匱乏，很多人覺得自己沒有價值，有了錢以後，大家會對你另眼看待，自己也有滿足感、成就感。

第三，出於探索的需求。在這個地球上玩人生這個遊戲，沒有籌碼有時候還

真不好施展得開。有了錢以後，我們可以創造更多不同的體驗，讓自己的人生更加豐富有趣。

在這三種動力當中，當然是第三種最好。因為它不但讓你比較輕易地能吸引金錢過來，更能夠保證你在得到錢以後，還是會非常快樂和喜悅。因為受前兩種動力驅動的人，即使掙到了錢還是會發現，自己的恐懼和匱乏並沒有因為錢多了而自然消失。

你只要看看媽媽多年的好朋友S阿姨就知道了，她基本上就是一個守財奴，花出去的每一分錢都讓她心痛。她那麼有錢，卻對自己極其刻薄，連你每次看了都會不由自主地笑出來。

媽媽覺得你應該屬於另類的那種——你天生就喜歡錢。談到錢、看到錢就開心。我永遠記得第一次給你壓歲錢，並且允許你自己保存的時候，你把錢從紅包裡拿出來，珍惜地去聞它的味道。那時候我就知道，我的兒子這一輩子不會沒錢，因為你是真心愛它。只要你真心愛一個東西，看到它就開心，你一定會自然而然地把它吸引到你身邊。

不過，根據媽媽的觀察，你對金錢還是有一些不安全感。

比方說，雖然媽媽再三跟你保證，媽媽的錢夠你花，你可以安心去做自己喜歡的事情，但你對金錢還是有很大的不安全感，用錢非常謹慎小心，花錢非常務實——這點媽媽一點意見都沒有，因為我就是這樣的人。我從來不買名牌，從來不花冤枉錢，能夠節省的時候一定節省，但是我對我自己和我愛的人，是非常大方的。尤其是有實際需求的時候，我根本不考慮成本，只考慮舒適。

你上次我跟我談到你的一些土豪同學們，你觀察他們的用錢方式，非常不以為然。土豪們用錢的方式很好玩，他們把錢花在別人看得到的地方，對自己卻非常小氣刻薄。比方說，你的同學全身名牌，開最好的跑車，可是身高一百八十幾公分、體重將近一百公斤的他，出門永遠坐經濟艙，即使飛越太平洋十幾個小時，也捨不得坐商務艙。他們非常不注重個人享受，對於吃這件事情也很不講究，一碗速食麵就可以打發一餐。他們的錢是用來給別人看、然後滿足自己的虛榮心的，而不是給自己花的。而你呢，從小嘴饞，時不時想上好吃的餐廳吃一頓大餐，也很開心媽媽每次和你一起享受我們喜愛的美食。你買衣服的時候也是，從來不考慮過於昂貴的名牌，注重的是穿起來好不好看、舒不舒服。而也是人高馬大的你，雖然很想坐公務艙飛越太平洋，但是你捨不得花那個錢，每次好不容易積攢了里程數升頭等艙一次，就能樂個半天。

媽媽的消費習慣和你差不多，不過因為我有賺錢能力，所以我對自己更大方。但是對於那種過於名貴的奢侈品，我這一輩子再有錢也不會去買它們。對我來說，與其花那個錢去買那麼昂貴的珠寶、衣服、鞋子，不如把錢捐給更需要的人，因為後者讓我更舒服、愉悅。

不過你對金錢的不安全感，有一些可能是來自於和爸爸的聯結不夠。爸爸是我們每個人背後的靠山，如果這個靠山穩固，我們就會覺得這個世界是安全的，物質不會匱乏。你爸爸是個非常好的男人，但是他也和他的父親聯結不夠（很巧的是，你爺爺也是一個非常非常好的人）。一個非常好的人，並不代表他會和他愛的人有感情上的深厚聯結，或是讓對方感到安全和受到支持。非常好的人也不表示他會為他愛的人付出，讓他愛的人感到溫暖和幸福。

所以，你對這個世界和金錢的安全感，是需要在自己心裡去找到的。希望你能夠看到：你爸爸雖然嘴上說不會留一毛錢給你們，雖然常常自以為是地不去順應你們的要求，雖然在金錢方面非常小氣刻薄，但是他對你的愛和支持，是埋藏在他自己對於金錢和這個物質世界的種種恐懼之下的，他為你們和這個家庭付出了許多。所以，不要因為一些表象上的不滿，你就否定了他對你的愛和支持。如果你能夠有智慧去看到這一點，並且對爸爸有更深的理解和聯結，那麼你對這個世界的恐懼和對金錢的不安全感就會減少很多。

也祝願你日後能夠吸引到你所想要的金錢，在地球這個遊樂場中玩得更開心！

有趣的人，會吸引有趣的關係

親愛的女兒：

每次都是給哥哥寫信，很多人在問，女兒呢？做媽媽的沒有話想跟女兒說嗎？

當然有。可是你不像哥哥那樣敞開，跟媽媽說話總是有所保留，這是你的天性使然，我也不怪你。

不過，這個暑假你回來，我們也談了一些事情——母女之間最好談的話題當然就是親密關係啦。你和媽媽年輕的時候差不多，總是有男人追求，而你也是個多情女，喜歡談戀愛，不喜歡感情空窗。

我以前就告訴過你，女兒都會不自覺地尋找和自己父親一樣特質的男人。你當時很不以為然，因為你和父親之間不是那麼親密，你沒有學會欣賞爸爸的很多特質，看到的都是不好的。

但是，當我見了你的男友，指出他和爸爸的相似之處後，你啞口無言。所幸，你的父親是個好人，在你童年時期，我們的家庭也算和睦、有愛，因此你創造的親密關係都是非常好的。至少，那些男人對你都是好得沒話說。

媽媽年輕的時候也是如此，可是我的第一段婚姻卻不堪回首。當時我迷戀那個大我十歲的男人，說什麼都要嫁給他。婚前他就對我相當不好，可是我癡迷地認為，結婚以後成為他的老婆了，他就會改變。

媽媽希望你不要犯我這種愚蠢的錯誤，想要一個男人改變，是比登天還難的，所以婚前一定要看清楚。

為什麼媽媽的第二次婚姻也失敗了呢？你曾經問過我，為什麼會嫁給爸爸。我說，媽媽當時已經三十多歲了，急著生孩子，而你爸爸看起來是個很好的人，所以我們沒有相處，認識三個月就結婚了。

你也聰明地問，如果交往一段時間，完全瞭解他了，你大概就不會嫁給他了吧？我說是。但是，我還是覺得你爸爸是個很好的男人，只是我們之間的化學反應不夠，如果對愛情和婚姻要求不高的話，一起終老是不成問題的。

所以我希望你能在婚前盡量多交男朋友，多嘗試不一樣的男人，你才會知道：

●男人的種類有哪些

●如何與不同類型的男人相處

●自己究竟喜歡、適合什麼樣的男人

最不可靠的婚姻，就是靠「感覺」結婚的，就像我的第一次婚姻。但是感覺不夠好，也是絕對不能結婚的，就像我的第二次婚姻。在感覺好的基礎上，理性地去分析這個男人到底適不適合你，到底能不能與你愉快地成家立業、生兒育女，這才是王道。

媽媽在感情路上歷盡滄桑，可是從來沒有放棄希望。我還是一個喜歡談戀愛的女生，還是期盼有一個人可以與我終老。雖然現在有喜歡我的人，但敢追的沒有。

從我們兩個人喜歡的男人當中，總結一下他們的相似處，我發現我們倆都喜歡孩子氣的男人。上次有一個非常帥的男人追你，你和他約會一次就再也不肯去了。因為你覺得他非常奇怪，而且無趣。

什麼樣的男人是無趣的男人呢？這點我和你看法也一致。那就是，和他說話說不通。在你這個年齡，如果碰到的男生不是一個心很敞開、能量流動的人的話，那千萬要躲遠一點。

我記得年輕的時候約會過一個男人，是個標準無趣的工程師，我連和他看一場電影，都覺得空氣中飄浮著沉悶的味道。電影看完之後，我就立刻找了個藉口回家，再也不見他了。

而在我這個年齡的男人，很多都是非常自戀、自我中心的。話題始終圍著他自己打轉，根本不想聽你說什麼。但是孩子氣的男人不一樣，他們通常是非常好的聆聽者，有很大的同理心。然而，如果到了一定年齡還是非常孩子氣的男人，通常也會有一個嚴重的缺點，那就是：他們的情緒也很孩子氣，無法掌控。

所以，媽媽希望你和你的男朋友能夠一起成長，但是仍然保有那顆童心。保有童心的關鍵點，就是要對有趣的事情懷有高度的興趣，人生不可以無趣，所以一定要從「自己喜歡的事情」開始選擇未來的志向。

只要讓自己始終保持對生命的熱忱和喜愛，就會成為一個有趣的人。而一個有趣的人，就會吸引同樣有趣的人來到你的生命中。

祝福你，我親愛的女兒。

你可以不做一個好人，但要忠於你自己

親愛的兒子：

那天你和妹妹剛從美國回來，我下午出去辦事，傍晚回到家，本以為可以和你們倆吃飯，結果剛好趕上你們都要出門去找朋友，這讓我頓時有種被遺棄的感覺。雖然我可以和那種感覺在一起，可是我喜歡撒嬌，對自己的孩子也不例外，所以我就故意嘟著嘴，裝作很可憐的樣子，說：「你們兩個都要拋棄我，留我一個人在家。」

妹妹根本不吃這一套，理直氣壯地對我說：「我們馬上就要去日本玩了，到時我會好好陪你的。」然而你卻很愧疚，臉上滿是不捨、不忍的表情，還專門過來安慰我一下，抱抱我然後才出門。

你們都走了以後，我收到了你的微信：「抱歉，媽咪，我下週會花很多時間跟你在一起。」

我故意說「養狗比養孩子好」，而且還唱一個孤獨的苦×歌給你聽。你顯然中計了，一直發短訊用各種方式安慰我，而且還說「你自己跑出去，一天不在

家」什麼的。後來我發笑臉給你，結束對你的操控折磨。

可是我心裡其實挺難過的。我知道這是你的罩門，很輕易就可以看出來。在所有的人際關係中，別人其實也會利用你這個弱點來操控你，尤其是你的親密伴侶。除非對方心智很健全、獨立而堅強，否則你會被她玩得團團轉。最後，你可能會受不了，大發雷霆，發過脾氣之後又覺得愧疚，然後又道歉，這樣一直陷入迴圈，最後磨盡你們的感情。

你跟我說你討厭比較愛需索的女孩，這也是因為你禁不起別人的要求吧！別人用你的善良來操控你，用你的軟弱來滿足自己，其實這是你可以防範的。方法就是——當你感到愧疚的時候，你可以做一些事或是說一些話去補償對方，但是另外一方面，你需要學習和自己的那份愧疚感待在一起。

比方說，你的女友要求你過去陪伴她，但是你要準備明天的考試，所以不得不拒絕。你在說NO的同時，會感覺心裡有一個地方抽痛、鬱悶、很不舒服。這個時候，與其一再道歉，甚至惱羞成怒地責怪對方，不如好好地深呼吸，跟自己身上那個不舒服的感覺待在一起。告訴自己，沒有關係，這是可以的。你可以忠於自己，你可以回到中心和自己在一起，你可以不做一個好人，但是要做一個忠於自己的、快樂的人。

所以，你現在知道了，你內在那個愧疚的感受，具體會顯化成身體上的一個不舒服的點，讓你呼吸都有困難。它在促使你不斷地去討好、祈請原諒（其實你根本沒有做錯什麼）。最後，當你承受不住那種感覺的時候，就會惱羞成怒，發脾氣指責對方，最後反而壞事。

你看看你妹妹，多麼自我中心的人啊！可是她也不得罪人，個性非常圓滑，和人始終保持淡淡的距離，絕對不會受到罪惡感操控的。你們的差別是天生的，顯然她是一個比較快樂、放鬆的人。你看，同樣一件事，妹妹心安理得，你卻惴惴不安，這是你需要在自己身上用力的地方。

這次暑假回來，你已經滿二十歲了，媽媽覺得你真的成熟許多，更加負責任，我非常欣慰和開心。但是我最希望看到的還是你的快樂無憂，不要讓自己內在的那種愧疚感控制你的行為、綁住你的手腳。

祝福你。

勇敢面對失去的痛

寶貝兒子：

前一陣子，你經歷了人生的第二次分手。第一次是蜻蜓點水的小戀愛，這次其實時間也不長，但你投入比較深。你跟我完整地分享了你的心路歷程，媽媽很感動。

你因為轉學而開始和女友分居兩地，激起了一些情緒。在討論到底要不要繼續的過程中，你發現了很多事（包括她和前男友扯不清楚），所以你非常憤怒，說了一些傷人的話，還告訴了她的家人。

氣消了以後，你很快就知道自己做得不對，立刻寫了檢討書。

媽媽看你一項一項列出來自己在這次分手中學到的教訓，覺得非常好玩。你真是個好學的孩子，也跟媽媽一樣有著莫大的勇氣，願意從每次的痛苦打擊當中，承擔自己的責任，並且學習該學的功課。

最後，你哀痛地問我，怎樣才能走出來、忘記她？

我告訴你：沒有方法，除了去接受、面對，沒有別的靈丹妙藥。當然，一般人的做法可能是：去購物、狂歡、喝酒、嗑藥、結交下一個女友、旅行……其實，當傷痛最烈的時候，我不反對用一些無害健康和人際關係的方法去處理和面對。

但是，真正有效的方法，還是要勇敢地去面對那個失去的痛，看看它能把你怎麼樣。

我告訴你，媽媽在失去摯愛時，時時感到內在有一個大洞。你說你也感覺到了，裡面是空的。

我說，就接受這個空吧，接受這個大洞存在的事實，不要急著去填補它。注視著它，和它和平共處。

結果，你很快就走出來了。幾天以後，你興奮地告訴我，你又快樂起來了。我很開心，你基本上是一個非常快樂的人。雖然你有那麼多擔憂，但是總的來說，你的快樂指數挺高的。這是媽媽最關心的事情。

你有一顆那麼善良、那麼敏感又為人著想的心，我始終怕你受傷，或是持續待在不快樂的情緒裡。尤其是我們家族遺傳的抑鬱體質，似乎沒有在你身上延續。

如果我能給孩子什麼東西，這就是我最想給的：快樂的能力。

這一次，你也沒有很快地投入另外一段關係中。由於剛剛轉學，你參加了新學校的很多活動，認識了很多人，愉快地繼續自己的人生，年輕就是好。媽媽希望你不要和我一樣，在感情上受到重創，久久不能平復，所以從小就一直在給你打預防針。

可是我的忠告你好像並沒有聽進去，像這次這個女孩，你其實並不瞭解她就墜入了愛河。你自己承認很想念被人愛被人擁抱的滋味，誰不想呢？

在受到教訓以後，你應該知道，當我們內在有一個這樣大的渴望時，常常會忽略對方的一些明顯的缺點而貿然前進，甚至會為了自己的需要而美化對方，看不清楚對方真正的樣子。

分手後，你問我對她的感覺，我說見了一次，不太喜歡。你怪我為什麼不早告訴你，我笑了。我說，你自己喜歡最重要，我說的並不一定中肯，而且你在熱戀的時候也聽不進去，我說了實話你心裡會不開心的。也許，下一次我會誠實地跟你分享我的感受，就看你聽不聽了。

經過這次打擊之後，你開始對心靈成長的東西有了興趣，還說要和我一起去上課，媽媽真是開心。

從小我並沒有強迫灌輸你們心靈成長的觀念，而你們因為父親的一些言行，對靈性成長有一些成見，我也一直沒有干預。

我希望你們像我一樣，到了一定的年紀，真正地發生興趣了再去研究。這個時候你們所學所想的，都是為了自己，有一個特定的需求和目的，這才有效果。

看來這個時候已經到來了。兒子，讓我牽著你的手，走上這條認識自己的道路，弄清楚人生到底是怎麼回事——在你還這麼年輕的時候，真棒！

〈德芬精采問答〉

一句頂一萬句

1 一輩子只和一個人發生關係虧不虧？

這個就是見仁見智了，有些人覺得這樣挺好的，我個人覺得挺虧的。

2 你覺得男人愛淑女還是騷女？

他願意跟騷女來往，但又願意娶淑女回家。

3 為什麼聽到對方說「在乎你，才想要知道你的過去」時會不舒服？

這其實是一種掌控欲望，這種人就是拿過去的事情挑出來吃醋，找麻煩的。有這種個性的人，我就說是挑糞的個性，好端端的要去挑糞出來自己聞臭，也挺無奈的。

4 你覺得女人需不需要心機呢？

需要。女人真正的心機，就是只做狠事，而不說狠話，這樣男人才會真正怕你。

5 為什麼有些人會虐愛呢？

可能因為他小時候父親或者母親就是用虐愛的方式在對待他，讓他誤以為所有親密關係都應該是這樣的。

6 你那麼美，那麼優秀，為什麼還是搞不定男人？

因為想多了，想要的太多了。

7 你有過和婆婆坦誠溝通嗎？那是一種什麼樣的體驗？

不一定是婆婆，我跟所有人都可以坦誠溝通，但是這也要取決於你婆婆是不是一個明理的人。像我有一個朋友，她就說我，德芬為什麼你每次對婆婆都那麼好，好像很理虧，要去討好、巴結她一樣。她說：「我從來沒有婆婆的問題，因為我從來都不理我婆婆的，我就心安理得地做我自己，什麼敬老尊賢我根本不管，我只做我自己。但是我婆婆看到他兒子這麼愛我，然後我又是挺好的人，只是不太愛去理他們，不去討好他們，所以他們也就接受我了。」

所以，你就心安理得地做自己，讓大家都覺得相處起來很舒服，行為不要過分就好了。像我以前一直想要去討好婆婆，讓婆婆開心，這樣一來跟婆婆相處反而會有問題。如果我就是心安理得地做我自己：我從來不想討好你們，然後你們也不用來管我，這樣相處反而沒問題。當然，兒子（丈夫）的態度也很重要。

8 一個離婚帶著孩子的女人能嫁給誰？

誰都能嫁，跟離婚帶著孩子沒有太多關係。我覺得，如果因為你離婚帶著孩子就不娶你，這種男人不嫁也罷。

9 你覺得什麼是收放自如的愛？

收放自如的愛就像水龍頭，開關自如。當你覺得自己沒有得到想要的東西的時候，要放的時候就能夠放，要走的時候就能夠瀟灑地走掉，關感情就像關水龍頭，當機立斷。

10 單身久了是什麼感覺？

單身久了，其實會習慣的。我從前一直以為單身不會習慣，但現在我不這麼想，而且還感覺越來越好，就是享受獨處。我反而覺得從前兩個人在一起時，沒有獨處時能體會到的另外一種精神上的愉悅、自由。

11 你能忍受另一半和前任的關係到什麼程度？

像朋友一樣啊，但不是每天發訊息問來問去的那種朋友。像普通朋友一樣，而不是知心好友。

12 婚外情裡，您覺得到底有沒有真愛？

這很難說呀，有時候是真的有。但是說實在的，你說人世間有沒有真愛，我就覺得沒有。我認為所謂的真愛，只是真的很愛，而不是真正的愛。婚外情裡有真的很愛的，因為對方可能比元配更適合他。

13 有些人說真正的成熟就是敲碎玻璃心，您覺得呢？

也算吧，因為如果你有一顆玻璃心，不那麼成熟的，就太容易被敲碎了，那碎無可碎應該算是成熟了。玻璃心是風吹過都會受涼，因為自己的「底氣」不夠。

14 你覺得愛情裡最好的狀態是互相成為戰友嗎？

不是戰友，是盟友吧。盟友就是在人生的道路上互相支持，互相幫助，不是互相牽扯，讓對方更糟，而是讓雙方都能夠更好。1+1>2。就像結盟一樣，有難同當，有福共用。

15 喜歡和舒服的人在一起，這算不算愛情？

這就很難說了，因為每個人對愛情的定義不一樣，感受也不一樣。有些人覺得舒舒服服的愛情就是愛情；有些人認為驚天動地、很濃烈的愛情才叫愛情。每個人想法不一樣，所以說愛情並非只有一種模式。

現在的說法就是，老了以後一定要跟一個讓你覺得舒服的人在一起。因為老了之後，精氣神就真的不足了，沒力氣折騰了，就沒有那麼多時間每天去找麻煩，每天去製造一些充滿戲劇性的東西，所以在一起待著舒服最重要。

16 你覺得出軌的人還值不值得再愛？

我覺得一個人值不值得被愛，跟他出不出軌沒有關係。

17 問個很私人的問題，你在愛情裡面做的最瘋狂的事是什麼？

就是離開我的婚姻去追尋我的愛情，很瘋狂。因為追求愛情而結束一段穩定的婚姻，不顧一切，不管我的名聲、事業和其他後續的狀況，弄得幾乎粉身碎骨，這就是我做過最瘋狂的事。

18 你認為貧賤夫妻百事哀嗎？

我覺得不見得。有時候夫妻一起走過貧賤，到了榮華富貴的時候反而分開。那個時候，我覺得真的還是貧賤可能還好一些。也有看過市場賣菜的夫妻，小兩口很恩愛，羨煞旁人的。但是如果面臨生活的種種挑戰，因為沒有錢而無法解決時，這是對愛情最大的考驗。

19 結婚後如果遇到更合適的怎麼辦？

永遠都有更合適的。而且那個更合適的，你不知道是不是最合適。所以我覺得不應該輕言放棄一段婚姻，當然，這是就我過來人的身分說的了。

〔畫家簡介〕

旅美藝術家　鄭麗雲

一九五九年出生於台北，一九九四年獲紐約州立大學藝術創作碩士，從事專業繪畫三十餘年，以柔美且富有韻律的線條在畫布上行走，搭配地、氣、水、火四大元素創造出耐人尋味的線條風景，作品寧靜、悠遠而充滿力量。鄭麗雲的油畫創作跳脫了過去觀眾較為習慣的堆疊方式，藉由刮除顏料產生的線條作為創作符號，精準的控制色彩漸層與圖面的空間感，形成別具風格的「減法藝術」。

近二十年來，鄭麗雲應邀擔任美國文化大使，歷經柯林頓、布希，以及歐巴馬等六任總統，將其作品展示於十三處美國大使館、總領事館及世界政府機構，地點包括：約旦、馬來西亞、菲律賓、新加坡、香港、丹麥、波蘭、臺灣等。旅美期間，她曾獲得多項大獎殊榮，包括一九九九及二〇〇五年兩度獲得波洛克—克拉斯納基進會的傑出藝術家獎，並應第一夫人蘿拉·布希之邀約於二〇〇五年專訪白宮。白宮一年一度的藝文餐會，限邀全美約六十位藝術家參與，鄭麗雲是少數能長年受邀者之一，說明了其藝術成就在美國所獲得的重視與肯定。

順著鄭麗雲所刻畫的流動線條，不難發現每一段線條都是一條線索，引領觀者感受藝術家幽微的思緒。在她的巧手下，線條被重複的編織，逐漸形成畫面的圖樣，化成地、氣、水、火等四種被西方哲學視為構成宇宙的基本元素。她的線條從無到有，幾乎像是有著自己的意志一般，在整個畫面恣意生長，有如道家思想中「道生一，一生二，二生三，三生萬物」的哲學思辨；而透過線條的長短、方向、粗細以及色彩變化，不僅讓她的作品顯得豐富可觀，同時也兼容了東西文化的哲學思想，形成特殊的宇宙觀。

本書畫作

P18　凌波舞姿／鄭麗雲／91.7x153 cm／2014／油彩畫布

P25　曙光2 Day Break II／鄭麗雲／112x145.5cm(80F)／2016／油彩畫布

P36　漲潮／鄭麗雲／193x97 cm／2015／油彩畫布

P53　落葉3 Falling Leaves 3／鄭麗雲／50x65 cm／2015／油彩畫布

P63　金橋／鄭麗雲／91.4x152.4 cm／2010／油彩

P73　眺望／鄭麗雲／112x162cm／2014／油彩畫布

P95　引徑 17／鄭麗雲／32.5x50cm／2015／油彩酒箱

P102　綠意 Green Edge／鄭麗雲／162x130 cm／2015／油彩畫布

P108　牡丹 3Peony III／鄭麗雲／132x132cm／2016／油彩畫布

P127　遠航 I／鄭麗雲／145.5x227 cm／2014／油彩畫布

P136　花影婆娑／鄭麗雲／99x163 cm／2014／油彩畫布

P143 引徑 5 Side Track 5／鄭麗雲／32.4x53.3 cm／2015／綜合媒材 木板

P155 大白鯨 The White Whale Cloud／鄭麗雲／97x130(60F)／2016／油彩畫布

P167 清水之崖／鄭麗雲／46x61／2013／純銀、黏土、油彩

P178 落葉1／鄭麗雲／100x50 cm／2015／油彩畫布

P191 無涯／鄭麗雲／224x129cm／2014／油彩畫布

P201 紫斑蝶的故鄉 Home of Eupoloen Butterflies／鄭麗雲／162x130cm(100F)／2016／油彩畫布

P215 矗立 Still 3／鄭麗雲／145.5x112 cm／2015／油彩畫布

國家圖書館出版品預行編目資料

遇見一個人的圓滿 / 張德芬作.
-- 初版. -- 臺北市：皇冠文化, 2017.05
面；公分. -- (皇冠叢書；第4613種)(張德芬作品集；01)
ISBN 978-957-33-3297-8(平裝)

1.修身 2.生活指導

192.1　　106005262

皇冠叢書第4613種
張德芬作品集01
遇見一個人的圓滿

作　者—張德芬
發行人—平雲
出版發行—皇冠文化出版有限公司
台北市敦化北路120巷50號
電話◎02-27168888
郵撥帳號◎15261516號
皇冠出版社(香港)有限公司
香港銅鑼灣道180號百樂商業中心
19字樓1903室
電話◎2529-1778　傳真◎2527-0904
總編輯—許婷婷
美術設計—嚴昱琳
著作完成日期—2017年1月
初版一刷日期—2017年5月
初版六刷日期—2022年12月
法律顧問—王惠光律師

讀者服務傳真專線◎02-27150507
電腦編號◎565001
ISBN◎978-957-33-3297-8
Printed in Taiwan
本書定價◎新台幣350元/港幣117元